圖解惡魔學

The Knowledge of Demon

奇幻基地

　　基督教與惡魔之間向來關係極深。以猶太教爲母體的基督教孕生於一世紀，而自其誕生以來，對抗惡魔之戰便一直是個很重要的主題。就像身爲基督（救世主＝彌賽亞）的耶穌之所以會降到世間，同樣也是爲了要對抗惡魔。

　　其實對猶太教或基督教這種一神教來說，惡魔本來就是個不可或缺的要素，不像跟人類同樣形形色色的多神教，每位神明時而行善、時而爲惡，就算沒有惡魔也足以說明惡的概念。一神教只有一個神，想要說明戰爭、疾病、殺人等世間的無數惡，就非得要有惡魔的存在不可，否則那神便無法成爲唯一而絕對的善神。

　　於是乎，惡魔早在基督教尚未出現的猶太教時代便已誕生，然後基督教才繼承了這個惡魔的概念。從那時開始，基督教便不斷與惡魔進行對抗，同時卻又使惡魔的概念達到高度發達與多樣化，甚至直到今日都未曾止息。

　　當然，也許現代的基督教徒已經不相信惡魔這種概念，不過肯定還是有很多基督教徒相信惡魔。1987年，時任羅馬教宗的若望‧保祿二世就曾經有過大意如下的發言：

　　「對抗惡魔之戰直到現在還在繼續。惡魔如今仍舊活著，在這個世界裡活動。現代世界的惡、社會的混亂、戰爭或疾病並非全因原罪所致，也是撒旦在暗地裡活動、從事邪惡的結果。」

　　惡魔究竟是什麼？希望本書能提供給抱有如此疑問的讀者一個解答。透過閱讀這本書，使更多人感受到基督教世界惡魔的多樣性、恐怖以及他的深奧。

草野　巧

目 次

第1章

何謂惡魔

何謂惡魔？

Definition of Satan, devil, demons

惡靈（Demons）存在於世界各處，惡的根源——惡魔（The Devil）則是一神教世界所特有，是將神絕對化的時候不可或缺的概念。

●神成為絕對之時，惡魔遂生

猶太＝基督教的惡魔，在英語中有Satan、Devil、Demon等幾個說法，其中Devil又可以分成「The Devil」和「Devils」兩種；前者指的是惡魔中地位最高的魔王，後者則是指在其麾下的無數惡魔。其語源自希臘語的Diabolos，並且在〈馬太福音〉等文獻裡便有著「The Devil」的含意。

魔王亦可用撒旦（Satan）指稱。此語原指侍奉神的天使，雖然他後來的確變成了魔王，可是撒旦本來並不是指稱魔王或惡魔的名詞。然而，西元前希伯來語的《舊約聖經》翻譯成希臘語的時候，Satan就被譯作了Diabolos。是故，撒旦從此成了魔王的同意語。

另一個代表惡魔的字語「Demon」則源自於希臘語的Daimon。這個字在古希臘係指人類的魂魄或邪惡的附身靈，但其中惡靈的含意受到初期基督教徒的強調，讓「Demon」和「Devils」同樣成了魔王的下屬、有惡靈或惡鬼之意。

這些字語當中自然以「Satan」和「The Devil」最為重要，單單「魔王」無法囊括其意涵，他們還是惡的人格化、神的敵對者、惡的根源。相較於Demon充斥於全世界各處，Satan和The Devil卻並非如此，這是一神教世界特有的概念。為了讓一神教的神朝著完全的良善前進，勢必就要有套足以說明世間邪惡的原理，因此才會有與神敵對的邪惡根源——惡魔的誕生。如果說神是絕對的，那麼照理說就不允許有惡魔的存在才是，可是如果沒有惡魔，神同樣也無法存在。

何謂惡魔

惡魔 → 英語 →
① The Devil
② Devils
③ Satan
④ Demons

意義各自不同

① The Devil	→	魔王・惡的根源	=	③ Satan
② Devils	→	麾下的眾惡魔	=	④ Demons
③ Satan	→	原是天使的名銜・魔王・惡的根源	=	① The Devil
④ Demons	→	麾下的眾惡魔	=	② Devils

惡魔（The Devil／Satan）的特徵

惡魔（The Devil／Satan）並非尋常魔王！

世間之惡的說明原理

一神教的神特有的附屬物

神的敵對者

惡之根源的人格化

無數惡魔之首・魔王

惡魔（The Devil／Satan）

用語解說

● 猶太＝基督教 → 基督教源生自猶太教，故二者有許多共通處。

惡魔的原型阿里曼

Ahriman, The Devil of Zoroastrianism

阿里曼是瑣羅亞斯德教*¹的惡魔，對信仰唯一神的猶太＝基督教有著不可或缺的重要影響。

●從至善的最高神到完全自律的二元論惡魔

　　猶太＝基督教乃屬一神教，主張神是全能的，一切事物都能以神的存在得到說明；儘管如此，猶太＝基督教裡仍有惡的原理，亦即惡魔存在。我們可以說這是二元論性格造成，不過瑣羅亞斯德教確實也對猶太＝基督教帶來影響。

　　瑣羅亞斯德教興起於西元前七世紀前後的伊朗地區，是支主張世間有善與惡兩種原理存在的絕對二元論宗教。

　　瑣羅亞斯德教的最高神祇是善的阿胡拉・馬茲達*²，可是這個神明並非全能的絕對支配者，因為從一開始便已經有與善神敵對的惡魔——阿里曼存在；換句話說，這個阿里曼並非由誰所創造，而是絕對惡的原理。

　　阿胡拉・馬茲達和阿里曼的對抗早在宇宙存在以前便已經開始。阿胡拉・馬茲達曾經一度將阿里曼禁錮於黑暗之中，並乘機創造了宇宙，可是在阿里曼醒來後，便對神的創造物展開了攻擊，甚至還欺騙地上世界的第一對人類夫妻，誘使他們犯罪，本來完美的世界遂因此有了紛爭、憎惡、疾病、貧困和死亡，從此落入了善惡間無止境的激烈爭戰。在阿里曼率領下，七名大惡魔和無數小惡魔持續對善勢力發動攻擊，這場戰役將延續直到世界結束，屆時善的那方將取得最後的勝利。從這點來看，阿胡拉・馬茲達可以說是勝過了阿里曼，但阿里曼完全獨立、不受神明約束的自律惡原理，不會因此有任何變化。

　　崇拜唯一且絕對神的猶太＝基督教之所以會發展出惡魔觀念作為惡的原理，也是因為受到這些先驅的影響。

善神阿胡拉·馬茲達與惡魔阿里曼

阿里曼 ➡ 古代伊朗瑣羅亞斯德教的惡魔

完全獨立於最高神祇的惡原理

猶太＝基督教惡魔的先驅

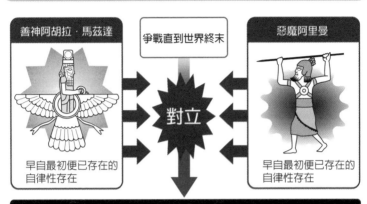

善神阿胡拉·馬茲達　　爭戰直到世界終末　　惡魔阿里曼

對立

早自最初便已存在的自律性存在　　　　早自最初便已存在的自律性存在

世界結局

儘管最後仍是善神獲得勝利，不過從兩個自律的善原理與惡原理這點來說，瑣羅亞斯德教仍然算是二元論的思想。

猶太=基督教的惡魔

一元論　　　　　二元論

絕對的唯一神便足以說明所有事項

一神教猶太＝基督教雖然拒絕二元論，卻還是受到阿里曼影響，在一元論與二元論的中間創造出了各式各樣的惡魔形象。

獨立而完全自律的善神與惡魔相互爭鬥

魔王撒旦

Satan

撒旦*原是上帝宮廷裡的一員，後來漸漸與啓示文學等文獻描寫的各種惡魔融合，終於演變成為邪惡的大魔王。

●從神僕成長為黑暗國度的大魔王

撒旦是統治所有惡魔、獨一無二的大魔王，也是世間萬惡的根源。儘管並非完全的獨立，但是其行動看起來並不受上帝制約，力量也足以與神匹敵。在他的率領下，邪惡軍團將與善良天使率領的善方軍團展開宇宙規模的鬥爭，直到這個世界終結為止。

不過如果從歷史的角度來觀察，就會發現撒旦並非從一開始就是惡魔界的大魔王。西元前五、六世紀成立的《舊約聖經·約伯記》中，撒旦對某個名叫約伯的虔誠男子施以各種試煉，後來約伯不但喪失了家人和財產，自己也罹染疾病，被撒旦害得很淒慘。可是這裡要特別注意的是，撒旦此舉並非出於其本身的恣意妄為，甚至在做這些事情之前已經獲得了神的許可。換句話說，撒旦是受神命令、來回奔走的一名使者（Malak Yahweh，耶和華的使者），是上帝宮廷裡面的一員。

到了西元後成書的《新約聖經》，撒旦的角色已有極大成長、徹底變成統率群魔的魔王。

這是為什麼呢？其實從《約伯記》到《新約聖經》的這段期間內，猶太教世界陸續有啓示文學以及現今《舊約》、《新約》並未收錄的作品問世，而其中又記載到包括撒旦、阿撒瀉勒、莫斯提馬、彼列、撒達奈、撒末爾、示阿撒等眾多名號各異的魔王。不過，魔王一位就已經足夠，於是這些傳說逐經過融合、生成了新的魔王形象，並選定撒旦作為這位魔王的名號。是故，撒旦其實是個融合了眾多惡魔、內容壯大而複雜的魔王。

---

* 撒旦：《聖經》雖寫作「撒但」，一般以「撒旦」較為普遍，故採此譯。

說到撒旦

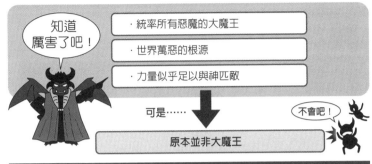

知道厲害了吧！

· 統率所有惡魔的大魔王

· 世界萬惡的根源

· 力量似乎足以與神匹敵

可是……

不會吧！

原本並非大魔王

魔王撒旦的誕生過程

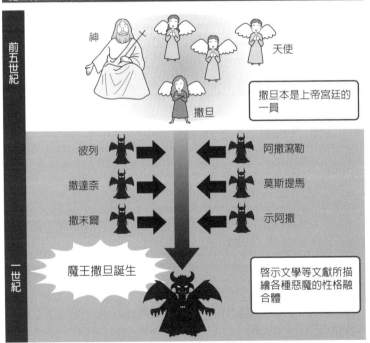

前五世紀

神

天使

撒旦

撒旦本是上帝宮廷的一員

彼列

阿撒瀉勒

撒達奈

莫斯提馬

撒末爾

示阿撒

一世紀

魔王撒旦誕生

啓示文學等文獻所描繪各種惡魔的性格融合體

■用語解說

●撒旦→Satan一語源自希伯來語的stn，純粹只是帶有「敵對者」、「妨礙者」之意的普通名詞。因此，《舊約聖經》中亦不乏以撒旦稱呼妨礙者的記載。

●啓示文學→傳說將上帝對預言者講述的世界祕密（如世界末日等）記錄而成的文學。西元前二世紀～一世紀之間大為流行。

魔王路西法

Lucifer

從《舊約聖經‧以賽亞書》中「明亮之星，早晨之子（路西法）」一節，誕生了壯大而悲劇性的墮天使路西法傳說。

●視同於魔王撒旦的明亮之星

路西法是自古以來便視同於撒旦的惡魔，可是當我們求本溯源就會發現路西法非但不是撒旦，同時也並非惡魔或天使。《舊約聖經‧以賽亞書》14章12節有以下這麼一段文字。

「明亮之星，早晨之子啊，你何竟從天墜落？你這攻敗列國的，何竟被砍倒在地上？」

「明亮之星，早晨之子」的希伯來語是「helel ben shachar」，譯成拉丁語便成了「路西法」（帶光者），這是聖經正典[*1]裡路西法曾經出現過的唯一場面。問題是，作者透過這一節究竟想要表達些什麼呢？其實這段文字是暗喻因野心而敗亡的巴比倫國王尼布加尼撒二世[*2]。

可是，後人卻認作是某位天使墮落的意思。他們認為原本在天界的路西法墮天後變成了惡魔。舉例來說，《路加福音》10章18節就有這樣的敘述：「我曾看見撒但從天上墜落，像閃電一樣」。

因此西元二世紀前半的教父奧利金[*3]遂根據這些類似的記述以及其他啟示文學，首次明言指出路西法＝撒旦，到了西元五世紀，聖奧古斯丁[*4]也認同這個說法，路西法的傳說便經過數位教父的考察、構築而成。根據傳說記載，路西法原是善的天使，同時也是隸屬於熾天使階級的最高階天使，可是卻因自認為至高無上的傲慢之罪而墜落，從此被稱為撒旦。此外，當他墜落的時候，多位天使也陪同他一起，於是到了中世後期，路西法的名字便普遍成為撒旦的同義語。

路西法的由來

金星 ＝ 路西法

路西法 ＝ 撒旦

墮天

路西法原本是金星，後來墜落天界成為惡魔，被視為撒旦

【《舊約聖經·以賽亞書》14章其中一節】

明亮之星，早晨之子啊。
＝希伯來語「helel ben shachar」

譯成拉丁語

路西法

（帶光者）

衍生出路西法從天界墜落、變成惡魔的傳說

多位教父的路西法傳說

路西法原是天使界最高階的熾天使

傲慢之罪

原為熾天使，所以有六隻翅膀

變成撒旦的路西法

墮天的路西法

根據古代多位教父的說明，路西法原本是天界裡位階最高的天使，後來卻犯下傲慢之罪、帶著許多同伴墮天，最後變成魔王撒旦

■用語解說

●路西法＝撒旦→有些中世文學會把路西法和撒旦視為兩個不同的惡魔。這些文學裡路西法是魔王，撒旦則是路西法的屬下，因為他們認為路西法是最高位階天使的名字，地位不可以低於撒旦。

No.005

阿撒瀉勒

Azazel

上帝從自身原本善惡兼備的性格裡除去惡的部分，讓阿撒瀉勒肩負，使上帝得以成為完全且純粹的善。

●第一個代替上帝處理壞事的惡魔

猶太教的神——耶和華起初同時擁有善與惡兩種性格，雖然上帝最後成了善神，但中間卻有人替祂擔負起惡的部分。

首位被交付上帝邪惡的便是阿撒瀉勒。

《舊約聖經·利未記》（16章5～10節）提到大祭司亞倫受到主的命令準備兩頭公山羊，一頭為了贖罪獻給主，另一頭則是送到曠野獻給阿撒瀉勒。從這件事便不難發現阿撒瀉勒擁有相當強大的力量。

因此，自從阿撒瀉勒出現以來，神的性格便從此兩分，惡的部分最終便集合到魔王撒旦身上。

阿撒瀉勒在著名的墮天使故事《衣索比亞語以諾書》[*1]裡同樣也扮演著很重要的角色。故事中，兩百名看守天使（Egrigori）受命於上帝而降到凡間，阿撒瀉勒是其中一位領導者。後來天使們與人類女性結婚，並傳授人類各種知識與技術，包括武器、裝飾品、化妝術等。這些知識讓男人學會如何戰鬥，讓女人學會如何向男人獻媚，致使人類沾染上嫉妒、貪婪、淫亂等惡行。

於是，上帝決意興起大洪水消滅地面所有人類，並且命令大天使拉斐爾：「捆住阿撒瀉勒的手腳，把他扔進挖在荒野的黑洞裡。取巨石放置其上使不見光，將他永遠禁錮。審判日之際，他將被投入火焰之中。全地皆因阿撒瀉勒傳授的知識而墮落，一切的罪都歸咎於他。」

換句話說，阿撒瀉勒＝撒旦是墮天使的首領，被賦與了身為世間所有罪惡肇因的性格。

撒旦的前身——阿撒瀉勒

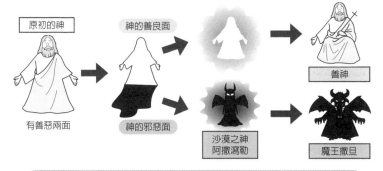

原初的神 → 有善惡兩面 → 神的善良面 → 善神

神的邪惡面 → 沙漠之神 阿撒瀉勒 → 魔王撒旦

原初的神本來擁有善惡兩面，後來才將邪惡面交付阿撒瀉勒、成為純粹的善，而惡最後就形成了魔王撒旦。

《衣索比亞語以諾書》裡的阿撒瀉勒

墮天使

以看守天使的其中一位領導者身分降到地上

被視為是所有罪衍的原因

與地上的人類女孩結婚

墮天使之首 阿撒瀉勒

教授武器、裝飾品、化妝等知識，使人類墮落

阿撒瀉勒的形象

柯林‧德‧普朗西[*2]所著《地獄辭典》第六版（1863年）刊行時，由M‧L‧布爾頓所描繪的阿撒瀉勒。阿撒瀉勒原本是以色列民族尚未信仰一神教以前所崇拜的沙漠之神。

■用語解說

● 《利末記》→摩西五書（創世記、出埃及記、利末記、民數記、申命記）之一，乃猶太教的基本經典文獻。應是根據古代資料成書於西元前六世紀的作品。

No.006

莫斯提馬

Mastema

當初神要打落地獄的惡靈有十分之九都下了地獄，其餘的則成了莫斯提馬的爪牙、慫恿促使人類犯下惡行。

● 可任意與人類敵對的惡魔

撒旦率領的惡魔軍團可任意出現在世間各處、自由地與人類為敵。究竟撒旦是何時取得如此權利的呢？關於這點，惡魔莫斯提馬可謂是功勞最大的一個。

莫斯提馬的活躍事蹟，可見於西元前二世紀後半成書的《舊約聖經》外典《禧年書》[*1]。據其記載，在以諾亞方舟聞名的諾亞時代，曾經有邪惡的天使企圖迷惑人類、使人類滅絕。上帝在憤怒下，決定將這些天使打下地獄。

此時莫斯提馬來到上帝面前，如此說道：「主啊，創造者啊。請在他們當中留下幾個給我。我將讓他們聽我的話，讓他們完全依照我的命令行事……他們的使命便是要順從我的決定，使（人類）墮落、滅亡、迷惘。」

於是在獲得上帝的准許後，雖然十分之九的惡靈都被打入了地獄，剩下的十分之一卻也獲得了在魔王莫斯提馬麾下自由為惡的權利。

此外，莫斯提馬也跟阿撒瀉勒同樣繼承了上帝邪惡面的性格，好幾項無法使以色列民族信服的作為，譬如命令以色列民族的族長亞伯拉罕將兒子獻為祭品，還有意欲取《出埃及記》英雄摩西性命等，在《禧年書》裡都算在了莫斯提馬的頭上。

莫斯提馬（Mastema）乃是從動詞「憎惡」（stm）衍生，而撒旦則是由對立者、敵人（stn）所演變，從這點來看，莫斯提馬跟撒旦亦可說是兩名關係極近的魔王。

[*1] 《禧年書》：亦稱《小創世記》。偽經之一。該書以七七四十九年為一禧年編排把《創世記》至《出埃及記》第12章所敘之事，意在使猶太人得以按正確日期慶祝宗教節日。

[*2] 以撒（Isaac）：《舊約聖經》所載以色列人第二代列祖。是亞伯拉罕和撒拉所生的獨子。後來，上帝命亞伯拉罕以以撒為犧牲獻祭，亞伯拉罕也準備遵從指示，最後上帝開恩才保存了以撒的性命。

誰是莫斯提馬

惡魔莫斯提馬 ➡ 央求上帝，取得對人類為惡的自由

下地獄去吧！

神

莫斯提馬

向神乞憐

主啊！

莫斯提馬

麾下的惡魔

莫斯提馬

太棒啦！

神將諾亞時代為惡的天使打落地獄。

將惡天使的十分之一歸於麾下，獲得為惡的自由

哇－哇－

十分之九的惡天使落入地獄

神的惡性盡歸莫斯提馬

神的惡性

· 意欲殺害猶太族長亞伯拉罕之子以撒[*2]

· 意欲殺害猶太人的英雄摩西

· 殘酷地將埃及人生下的長子全部殺害

惡魔莫斯提馬

神惡性的集合體

在《舊約聖經》中依上帝意志而行的種種可怕行為，《禧年書》全部歸咎於莫斯提馬

彼列

Berial

彼列是死海古卷《光明子嗣與黑暗子嗣之戰》中率領黑暗軍團的惡魔，也是二元論中與善神對立的惡的根源。

●善惡相爭，二元論中惡的根源

猶太教的神耶和華是世界上唯一的神，也是萬事萬物的根源，所以猶太教絕對不會承認這個世界有善與惡兩種原理。然而，這樣的狀況卻在西元前二世紀後半至後一世紀期間產生了變化。猶太教當中有個名叫艾賽尼派*的支派因為受到伊朗瑣羅亞斯德教影響，而將善惡對立的二元式論述帶進了猶太教的世界。

我們可以透過艾賽尼派流傳下來、與聖經相關的文獻——亦即世稱的「死海古卷」，接觸認識這些傳說與思想。

據其所載，猶太教的神的確是唯一的神，但是祂卻在這個世界裡創造了光明與黑暗兩條道路，天使和人類必須在這兩條道路當中擇一而行，而雙方又注定在宇宙規模的戰役中不停戰鬥，直到世界終結。其中，《光明子嗣與黑暗子嗣之戰》對這場戰役有詳細的記載，裡面說到那是場長達四十年的龐大戰役，戰況激烈到雙方陣營曾經三度交互占得上風。

從這裡可以得知，艾賽尼派賦與了黑暗軍團幾乎與光明軍團旗鼓相當的強大力量，不過重要的是，率領此軍團者正是最強大的黑暗天使——彼列。換言之，雖然彼列在最後關頭戰敗了，仍是一位能夠聚集強大惡勢力的惡魔、魔王，以及惡的根源。魔王撒旦之所以能夠有如神的敵對者一般，率領黑暗勢力使善方勢力吃盡苦頭，也是因為經過與惡魔彼列的融合、將其力量納為己有方得如此。

---

* 艾賽尼派（Essene）：自西元前二世紀至西元一世紀末流行於巴勒斯坦的教派。該派與法利賽人（Pharisses）一樣，恪遵律法，嚴守安息日，但他們不相信肉體復活，反對參與社會生活。

二元論中的強大惡魔彼列

神　　　惡魔彼列

力量幾乎不相上下

泰拉莫的雅各創作的木版畫彼列《彼列的審判》（1473）

光明軍團與彼列所率黑暗軍團的鬥爭

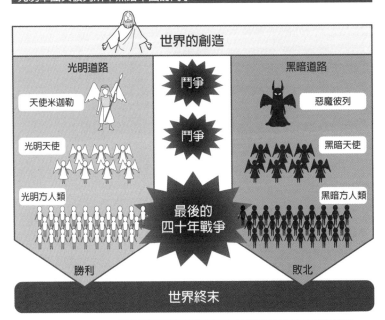

世界的創造

光明道路　　　　　　　　　　　　黑暗道路

鬥爭

天使米迦勒　　　　　　　　　　　　惡魔彼列

鬥爭

光明天使　　　　　　　　　　　　黑暗天使

光明方人類　　　　　　　　　　　　黑暗方人類

最後的四十年戰爭

勝利　　　　　　　　　　　　敗北

世界終末

根據死海古卷記載，神在創造之初便造了光明道路與黑暗道路，所有的天使和人類都必須擇一而行，然後不斷重複激烈的戰鬥直到世界終末為止

■用語解說

●死海古卷→西元1947～1956年間，從死海西北岸荒涼的庫姆蘭（Qumuran）地區數個洞窟裡面發現的古文書，被譽為二十世紀考古學最偉大的發現。

別西卜

Beelzebub

意為「蒼蠅王」的惡魔別西卜在《新約聖經》時代被視為撒旦，從此便以高階惡魔的身分君臨惡魔界。

●從新約聖經時代開始與撒旦齊名的惡魔

別西卜被視為等同於撒旦的惡魔，《新約聖經·馬太福音》12章24節就寫到耶穌替人趕鬼治病時，法利賽人[*1]曾批判耶穌說：「這個人趕鬼，無非是靠著鬼王別西卜。」

《舊約聖經·列王紀下》1章4節等處，別西卜是迦南地區非利士人[*2]的都市——以革倫（Ekron）的神巴力西卜。換句話說，別西卜原本是異教的神祇。迦南人將這位神奉為「巴力西布」（至高的王）崇拜，後來轉換成帶有嘲笑意味的語詞——「蒼蠅王」的希伯來語「巴力西卜」，讓異教神明被打成名叫別西布或別西卜的惡魔。

然而，「蒼蠅王」這個稱謂不容輕蔑忽視。古希臘的最高神祇宙斯就曾經被奉為「阿珀繆俄斯」（Apomuios，忌避蒼蠅者）崇拜。畢竟蒼蠅也是種會招來疾病的媒介。

《新約聖經》以後，堪稱魔導書始祖的《所羅門王的遺言》（西元一～三世紀前後）就曾經提到別西卜是惡靈的支配者。《新約聖經》外典的《尼哥底母福音》[*3]（五世紀）是部描述耶穌下地獄、解放過去偉人的故事，但別西卜在這部作品裡同樣被視為地獄之王撒旦。此外，但丁《神曲·地獄篇》（十四世紀）一般都稱眾惡靈的首領為路西法，不過偶爾也會以撒旦、別西卜來稱呼。密爾頓的《失樂園》（十七世紀）亦將別西卜描繪成邪惡威力堪與撒旦匹敵的地獄界第二把交椅。

於是《新約聖經》時代等同於撒旦的別西卜，從此以後便成為最具力量的其中一名惡魔。

別西卜的出處

巴力西布

原是迦南人的神，
意為「至高之王」。

↓

巴力西卜

意為「蒼蠅王」。《舊約聖經》時代猶太人帶有嘲笑意味的稱謂。

M·L·布爾頓為柯林·德·普朗西《地獄辭典》第六版（1863年）繪製的別西卜版畫。雖然是隻蒼蠅，不過其模樣極貼近「蒼蠅王」形象。

↓

別西布

別西卜

稱謂於《新約聖經》時代臻於完全，等同於撒旦。

後來的別西卜

所羅門王的遺言

惡靈的支配者

尼哥底母福音

地獄之王撒旦

神曲

撒旦、路西法的別名

失樂園

僅次於撒旦的地獄界第二把交椅

別西卜在《新約聖經》以後一直是名重要的惡魔

阿斯摩丟斯

Asmodeus

好色惡魔阿斯摩丟斯原是古波斯二元論中惡神阿里曼的屬下，即便至十七世紀仍在世間肆虐為惡。

●依附於人體做惡的惡魔

阿斯摩丟斯乃是起源自波斯神話，為惡神阿里曼麾下七大惡魔中的艾什瑪。

在猶太＝基督教的傳說中，阿斯摩丟斯是名以好色而聞名的惡魔，同時也是所有能夠依附人體的惡魔中最具代表性的一位。成書於二世紀前後的《多比書》記載阿斯摩丟斯曾經附身在一位年輕貌美的女孩撒拉身上，使得撒拉先後嫁了七個男人，可是這七個男人卻在跟撒拉發生初夜關係之前猝死，這時多比的兒子多比亞司出現與撒拉結婚，不同的是多比亞司有大天使拉斐爾相助。在拉斐爾的建言之下，多比亞斯以焚香燻蒸魚的心臟、肝臟，把阿斯摩丟斯趕出了撒拉的身體，接著拉斐爾再追去將惡魔捆綁。

西元341年，基督教會於安條克[*1]教會會議公開認可驅魔儀式時，這段故事便是促成該決定的諸多根據之一。

成書於西元一～三世紀間的魔導書《所羅門王的遺言》記載受所羅門王召喚的阿斯摩丟斯如此說道：「我是人類女性與天使所生，人類想必覺得我傲慢吧。我住在人類喚作大熊座的星星附近。撕裂新婚男女、玩弄年輕女子、使人陷入瘋狂便是我的工作。可是被魚肝、魚膽一燻就會忍不住逃跑，還有天使拉斐爾也讓我很受不了。」

後來到了獵女巫時代，阿斯摩丟斯也相當猖獗，其中最有名的當屬盧丹惡魔附身事件（請參照P.180）。當時附身在修道院長珍・德・安潔身上、使其發狂的惡魔正是阿斯摩丟斯，後來阿斯摩丟斯受到驅魔儀式驅趕，極為鄭重地留下了一紙契約書，寫明一定會在隔日下午五點離開德・安潔的身體。

阿斯摩丟斯的出處

艾什瑪

憤怒　殘忍

阿斯摩丟斯

好色

附身於人體

古波斯魔王阿里曼麾下七大惡魔之一

據傳《多比書》提及的阿斯摩丟斯是艾什瑪的其中一個化身

阿斯摩丟斯的弱點

燃燒魚的心臟、肝臟、膽囊的燻煙

我不行了～

天使拉斐爾

根據《多比書》和《所羅門王的遺言》記載，阿斯摩丟斯就怕這些東西

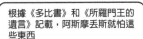

阿斯摩丟斯的契約書

事情發生在西元1634年5月，阿斯摩丟斯附身於盧丹烏爾蘇拉會‧女子修道院的修女珍‧德‧安潔，在受到驅除後寫下保證：「將於明日午後五點退出修女的身體。」的契約書。這張照片便是當時的契約書。

■用語解說

● 《多比書》→約成立於西元前二世紀。是《舊約聖經》的其中一本，天主教將其奉為「第二正典」，新教徒則視為「外典」。

25

No.010

撒末爾

Samael

除促使亞當、夏娃墮落外，撒末爾更被諾斯替教[*1]視為是惡世界的創造者——雅爾達巴奧特的大惡魔。

●藉葡萄酒使亞當、夏娃墮落的惡魔

撒末爾自古就等同於撒旦，其名有「毒天使」之意。

根據《創世記》記載，伊甸園裡的亞當和夏娃受到蛇的誘惑，吃下了神所禁止的智慧果實而被逐出樂園、以至墮落。

然而，根據《新約聖經》外典中的《希臘語巴錄啟示錄》（西元二世紀左右）提到，伊甸園裡栽種的是葡萄樹，植下此樹者便是天使撒末爾。撒末爾因受嫉妒驅使變成蛇的模樣、欺騙亞當，讓這株葡萄樹和自己受到神的詛咒。儘管書中並無明確記載，不過撒末爾似乎成功地讓亞當和夏娃嚐到葡萄酒的味道，兩人因此被逐出了樂園，而撒末爾也被神詛咒、變成了撒旦。

在帶有諾斯替教色彩的**納傑哈馬迪經卷**當中，撒末爾更是早已經超越了純粹的惡魔。譬如《約翰密傳》就說這個充滿惡的世界乃是由惡神雅爾達巴奧特所創造，而撒末爾是他的一個別名；換句話說，撒末爾並不僅僅只是個惡魔，還是惡世界的創造者。此外《掌權者的本質》[*2]一書中也提到撒末爾的名字有「盲目之神」的意思。

西元三世紀以後的猶太教傳說和訓誡故事裡，被喚作撒旦的惡魔數量反倒還不及撒末爾；這些傳說和故事說撒末爾有十二翼、全身布滿眼睛，能變化成任何模樣。

從這些記述便不難得知撒末爾是惡魔界首屈一指的大惡魔，是個與撒旦分量不相上下的重要角色。

[*1] 諾斯替教（Gnosticism）：源自希臘語中代表智慧的「Gnosis」一詞，是個與基督教同時期在地中海沿岸誕生的宗教思想運動。

[*2] 掌權者（Archon）：音譯「阿爾康」。與基督教的天使類似，但是諾斯替教卻視為可憎的支配者，乃是為阻礙人類的靈逃出監獄升天而存在。

讓亞當、夏娃墮落的惡魔撒末爾

| 惡魔撒末爾 | ➡ | 自古便被視同於撒旦 |
| | | 其名有「毒天使」、「盲目之神」的意思 |

讓亞當、夏娃墮落的惡魔撒末爾

葡萄樹

撒末爾

蛇形的撒末爾

葡萄樹

嗝！

嘻呷

葡萄酒

亞當夏娃

① 伊甸園種下葡萄樹

② 受神詛咒，化作蛇的模樣欺騙亞當、夏娃

③ 亞當、夏娃被逐出伊甸園

●諾斯替教的撒末爾

這世界可是老子創造的！

世界的創造者＝撒末爾

別名雅爾達巴奧特

充滿惡的世界

猶太傳說（三世紀以後）裡的惡魔撒末爾 ▶

十二翼

可幻化成任何模樣

全身布滿眼睛

■用語解說

●納傑哈馬迪經卷→西元1954年於埃及南部的尼羅河畔城鎮納傑哈馬迪發現的五十二份紙莎草紙經書。應是三世紀後半抄寫而成，有許多諾斯替教思想的內容。

No.011

亞巴頓

Abaddon

世界終結之際，天空會有顆星墜落地面，而惡魔亞巴頓將以蝗蟲之王的身分從無底深淵現身、君臨世界。

●統治無底地獄深淵的蝗蟲之王

亞巴頓起源自希伯來語的abad（他殺伐），原是「滅亡之國」的意思。舊約聖經中的《約伯記》和《箴言》用這個字指稱猶太的冥界謝屋爾[*1]，換句話說，亞巴頓在這裡是個代表地獄的普通名詞。第一個把這個字用於可怕惡魔名號的是《約翰的啟示錄》。

據其記載，當世界終結的時候會有顆星星從天空殞落，打穿一個通往無底深淵的坑，接著會看見煙和大批蝗蟲從坑裡噴出。那蝗蟲的臉像人，體型像準備出陣的馬，頭上戴著類似金冠的物品，還有女人的頭髮、獅子的牙齒和護胸鐵甲、蠍子尾及毒鉤。發出的振翅聲就像是戰車奔馳的巨響，其中的毒液能夠折磨那些未被神選中的人們達五個月之久。

另外，《啟示錄》還說：「有無底坑的使者作蝗蟲的王，按著希伯來語，名叫亞巴頓，希利尼話[*2]，名叫亞玻倫。」

由於其希臘名叫亞玻倫（破壞者之意），遂有說法指亞巴頓其實是落入地獄的希臘神話太陽神阿波羅；不過《希臘神話》（吳茂一著／新潮社）也寫到把亞玻倫和阿波羅連結起來的說法有穿鑿附會之嫌。

西元一～三世紀成書的《所羅門王的遺言》已經可見為眾多惡魔品評排名的風氣，這股風潮到了十六、十七世紀又更加盛行，而亞巴頓的名號亦在其中。排行榜將所有惡魔區分成九個階級，亞巴頓是七級惡魔復仇女神[*3]的君主。

[*1] 謝屋爾（Sheol）：早期文獻所記載的死者世界，這個字在古希伯來語裡是「洞穴」或「墓」的意思，這裡的人並不受耶和華保護。

[*2] 希利尼話：希利尼人（Hellenics）是《新約聖經》裡已經希臘化的猶太人，因此此處所指希利尼話其實便是希臘語。

[*3] 復仇女神（Furiae）：羅馬的復仇女神＊即希臘神話中的復仇三女神——阿勒克托（Alekto）、麥格拉（Megaira）與提西福涅（Tisiphone）。

蝗蟲怪亞巴頓？

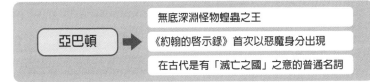

亞巴頓 ➡

無底深淵怪物蝗蟲之王

《約翰的啓示錄》首次以惡魔身分出現

在古代是有「滅亡之國」之意的普通名詞

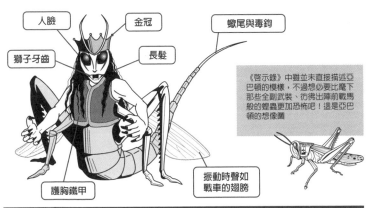

人臉

金冠

蠍尾與毒鉤

狮子牙齒

長髮

《啓示錄》中雖並未直接描述亞巴頓的模樣，不過想必要比麾下那些全副武裝、彷彿出陣前戰馬般的蝗蟲更加恐怖吧！這是亞巴頓的想像圖

護胸鐵甲

振動時聲如戰車的翅膀

含括亞巴頓之名的「惡魔的九個階級」

位階	惡魔種類名	意涵	君主或支配者
1	Pseudothei	偽神	別西卜
2	Spiritus mendaciorum	謊言之靈	畢頌
3	Vasa iniquitatis	不正之器	彼列
4	Ultores scelorum	犯罪的復仇者	阿斯摩丟斯
5	Praestigiatores	奇蹟的模仿者	撒旦
6	Aeriae potestates	空中軍勢	梅利金
7	Furiae	復仇女神	亞巴頓
8	Criminatores	中傷者	亞斯她錄
9	Tentatores Maligenii	邪惡的誘惑者・鬼神	瑪門

＊此表應是根據十六世紀魔法師阿古利巴《細說神祕哲學》記述內容製成。（表格摘自《惡魔事典》弗雷德・格丁斯著、大滝啓裕譯／青土社）

墮天使

Fallen Angel

眾天使從天界被打落凡間的理由因文獻而異，有時是欲望所致，有時則是傲慢使然。

●墮天的理由是欲望，還是傲慢？

　　基督教認為所有的惡魔都是墮天使。然而什麼是墮天使？他們又為何非得墜落天界不可呢？《衣索比亞語以諾書》是這麼說的。當地面上的人類數量慢慢增加，遂有許多美麗的少女誕生；有兩百位天使見到這些少女甚為心動，於是便在西姆札斯和阿撒瀉勒等二十位領導者的率領之下降到地面、各自迎娶少女為妻，並且繁衍後代。然而他們所生下的兒女都是身高達三千腕尺*的巨人，必須消耗大量糧食，讓人類傷透了腦筋。此外，眾天使還將打造武器的方法、冶金術、化妝、魔法等各種知識、技術傳授給人類，使得女性學會獻媚、男性學會戰爭，導致人類墮落。上帝見狀大為震怒，決意興起大洪水滅絕地面眾生。換句話說，墮天使乃是因欲望而被逐出天界。

　　然而，屬《舊約聖經》偽典的《亞當夏娃傳》卻有另一個故事。據其記載，天地創造之際，神先創造出眾天使，然後才依自己的模樣創造了人類亞當，所以眾天使必須膜拜亞當，可是高傲的撒旦卻不願膜拜比自己低等、更晚被創造出來的人類。撒旦還對前來勸解的天使米迦勒說道：「如果神要發怒，那我就要高坐在天星之上、像那位極高者一樣。」撒旦跟同伙的眾天使就這麼因為神的憤怒而被打到地上，隨後又受到嫉妒心驅使而陷害幸福的亞當與夏娃，讓兩人被逐出伊甸園。換句話說，這個故事裡惡魔的墮落是因為傲慢（驕傲），折磨人類則是因為嫉妒。

---

*腕尺：以手腕長度為標準的長度單位，乃指肘部至中指指尖的長度。1腕尺約莫等於52.3公分。

基督教認為惡魔全都是墮天使

所有惡魔		墮天使		

等於

從天界貶落的天使

《衣索比亞語以諾書》所述墮天的理由

好漂亮啊

天

興奮不已

墮落

地上的少女

生下巨人兒女

因為地上的少女很美　｜　結婚＋技術提供　｜　生下巨人兒女

因為欲望而墮天

《亞當夏娃傳》所述墮天的理由

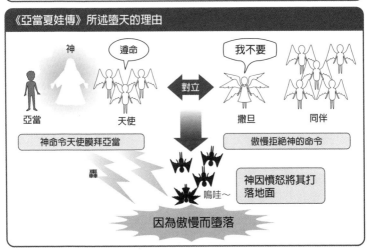

神

遵命

我不要

亞當　　　　天使　　對立　　撒旦　　同伴

神命令天使膜拜亞當　　　　　　傲慢拒絕神的命令

轟

嗚哇～

神因憤怒將其打落地面

因為傲慢而墮落

■用語解說

● 《衣索比亞語以諾書》→屬《舊約聖經》偽典。彙集西元前五～三世紀期間的各個故事，大約在八世紀左右被譯成衣索比亞語。

● 兩百位天使→亦稱「看守天使」或「神之子」（Grigori）。

● 《亞當夏娃傳》→屬《舊約聖經》偽典。應是成書於西元前一～一世紀。

啓示錄的獸

The Beast/the Beast of Revelations

生有十隻角、七顆頭顱的啓示錄的獸，在末日將屆的時代被撒旦授與權柄、君臨地上世界四十二個月。

●終末之際統治人類的撒旦代理者

英文經常會將「啓示錄的獸」稱作「The Beast」，就像「聖經」也經常被稱作「The Book」，由此便可得知啓示錄的獸是頭多麼特別的「獸」。

啓示錄的獸之所以在惡魔學領域裡占有如此重要的角色，全歸因於他是現身於末日將屆時的撒旦代理者。

《約翰的啓示錄》將被逐出天界的撒旦描述成一隻七頭十角，並且頭上戴著七頂王冠的紅色巨龍。另一方面，啓示錄的獸也有七頭十角，十隻角戴著十個冠冕。啓示錄的獸軀體像豹、腳像熊、口像獅子，頭角的數目和撒旦巨龍一模一樣，從這裡便不難發現啓示錄的獸與撒旦的相似處。其次，聖經又說到啓示錄的獸在頭上記有褻瀆神的名號，據說這名號正是惡魔的數字「666」。這頭可怕的獸會在末日將屆之際，君臨地上世界前後達四十二個月。

繼第一頭獸以後，第二頭獸也從地底出現。聖經寫到這第二頭獸兩角如羔羊，發出的聲音像龍。雖然同是啓示錄的獸，但第二頭獸似乎是第一頭獸的從屬。第二頭獸的任務是要迷惑、脅迫眾人，令眾人崇拜第一頭獸。

這兩頭獸無疑都是撒旦的爪牙。基督教的終末論認為第一頭獸象徵反基督，而第二頭獸則是象徵偽先知，而巨龍、第一頭獸、第二頭獸三個加起來便是惡的三位一體。（請參照P.116）

---

* 杜勒（Albrecht Durer，1471～1528）：油畫家、版畫家，被尊為文藝復興時期德國最偉大的藝術家。《啓示錄》組畫（1498）較其他作品更富有歌德風味。

獸的特徵

啓示錄的獸 ➡ 出現於末日的撒旦代理者

藉撒旦的權柄君臨地上四十二個月

《約翰的啓示錄》的「龍（撒旦）」與「獸」

以下圖畫為杜勒*所繪啓示錄連續版畫（1497～8）

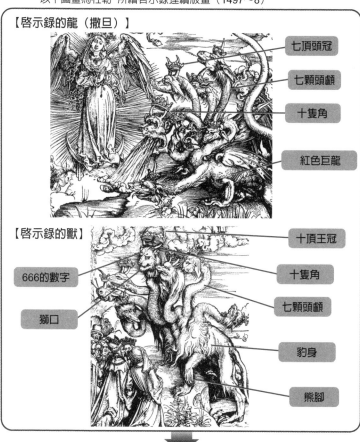

【啓示錄的龍（撒旦）】

七頂頭冠

七顆頭顱

十隻角

紅色巨龍

【啓示錄的獸】

十頂王冠

666的數字

十隻角

獅口

七顆頭顱

豹身

熊腳

可知「啓示錄的獸」是撒旦的類似物

No.014

龍

Dragon

在撒旦出現聖經以前，龍便是惡的代表。所有的惡其實都是撒旦從龍的身上繼承而來。

● 歷史較撒旦更為久遠的龍

龍與撒旦之間的關聯性極強。

說到龍（西洋龍），一般人往往會直接聯想到體似恐龍、翼如蝙蝠的怪物，不過龍的原始形象其實像條大蛇，是種存在於海洋河川、引發洪水的怪物。由於洪水氾濫時極為恐怖，從太古以來龍一直都是惡的象徵。翻開聖經可以發現，惡魔活躍在《新約聖經》時代，可是龍卻是從更早的《舊約聖經》時代便已經被視為惡的象徵。「到那日，耶和華必用他剛硬有力的大刀刑罰快行的蛇利維坦，並殺海中的龍」[1]（《以賽亞書》27章1節）、「神以能力攪動大海，藉知識打傷拉哈伯，藉他的靈使天有妝飾，他的手刺殺快蛇」（《約伯記》26章12～13節）便足以為證。

如前所述，龍自古便是惡的象徵，因此即便《新約聖經・約翰的啟示錄》裡講到撒旦突然以龍的模樣現身也絲毫不突兀。「在天上就有了爭戰。米迦勒同他的使者與龍爭戰，龍也同他的使者去爭戰，並沒有得勝，天上再沒有他們的地方。大龍就是那古蛇，名叫魔鬼，又叫撒但，是迷惑普天下的。他被摔在地上，他的使者也一同被摔下去」（12章7～9節）

從此龍與撒旦便有了決定性的關聯。像聖喬治[2]和聖瑪格麗特[3]等後世基督教聖人擊退惡龍的傳說都是由此而生，建立在天使米迦勒擊敗惡龍（撒旦）的《啟示錄》故事之上。

---

[1] 聖經中文和合本實際作：「到那日，耶和華必用他剛硬有力的大刀刑罰鱷魚——就是那快行的蛇，刑罰鱷魚——就是那曲行的蛇，並殺海中的大魚。」此處是參考中文和合本、配合原文權做翻譯。

[2] 聖喬治（Saint George）：三世紀的基督教殉教者、英格蘭的主保聖人。六世紀起就已經有關於他的種種傳說。

[3] 聖瑪格麗特（Saint Margaret of Antioch）：亦稱聖瑪麗娜。敘利亞基督教殉教者、十四救助者之一。

從龍的時代進入撒旦的時代

龍 ➡ 早自太古便已存在的惡之象徵

撒旦出現以後也成為了撒旦的象徵

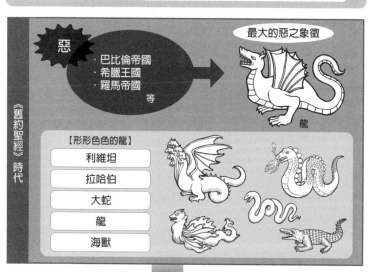

《舊約聖經》時代

惡
・巴比倫帝國
・希臘王國
・羅馬帝國
等

最大的惡之象徵

龍

【形形色色的龍】

利維坦

拉哈伯

大蛇

龍

海獸

《新約聖經》時代

撒旦承繼所有的惡，成為
萬惡的根源！

撒旦

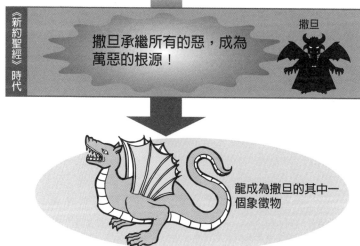

龍成為撒旦的其中一
個象徵物

反基督

Antichrist

世界終末之際以救世主自稱、迷惑眾人的反基督，乃是撒旦生而為人的存在。

●撒旦受肉的反基督

反基督是與撒旦存有特殊關係的人類，唯有在世界即將迎向終末的時候才會出現，堪稱人間中的撒旦。

從放逐天界直到世界終末為止，撒旦和眾惡魔一直都是神的敵對者。儘管他們注定失敗，可是撒旦卻從未放棄抵抗，甚至在世界即將滅亡前夕達到了最高潮。基督教的終末論認為當這個世界快要結束的時候，耶穌將會再度以救世主身分降臨、消滅邪惡的軍團。可是在此之前，有個主張自己才是救世主的冒牌貨會出現，那些異教徒、異端者、無信仰的人也會集結在其身邊展開最後的抵抗，而這個冒牌的救世主正是反基督。反基督正如其名，是基督的敵對者，是偽救世主。

如果我們只看他所扮演的角色，或許會覺得反基督跟撒旦是相同的存在，可是事實並非如此。就某個層面來說，反基督可以說是與耶穌基督相類似的存在。耶穌基督是神的受肉，是神生而為人的存在；同樣地，反基督則是撒旦的受肉，是撒旦生而為人的存在。換句話說，耶穌是人類，反基督同樣也是人類，還是個與善敵對的終極人類。

問題是反基督的人數。《新約聖經‧福音書》和《約翰一書》都說反基督不只一個，可是保羅的《帖撒羅尼迦後書》卻說反基督只有一個人。而活躍於十二世紀的修道士——菲奧雷的約阿基姆[1]則說會先有幾位反基督出現，然後唯一而終極的反基督才會現身。

---

[1] 菲奧雷的約阿基姆（Joachim of Fiore，1130～1201）：義大利神秘主義者、神學家、聖經注釋家、歷史哲學家。

[2] 西紐雷利（Luca Signorelli，1445～1523）：義大利文藝復興畫家，以其所畫的裸體及構圖上的創新而聞名。

反基督之意

反基督是人類，是與耶穌基督對立的存在

撒旦 × 人類化 → 反基督

對立

神 × 人類化 → 耶穌基督

反基督的模樣

古代希臘語文獻《主的契約》（五世紀）寫到……

頭髮宛如熾盛火焰

左眼暗青色，雙瞳

右眼滲血

白睫毛

下唇較厚

右腿較細

偌大的趾甲爪尖帶傷痕而無厚度，這便是亂世者的鐮刀

文藝復興時期義大利畫家西紐雷利[2]的濕壁畫《反基督說道及其行》（西元1500年前後）局部，描繪撒旦陪在反基督身邊，腳邊堆著金銀工藝品誘惑觀看的群眾。

37

莉莉絲

Lilith

相傳源自美索不達米亞的女惡魔莉莉絲是亞當的前妻，也是唆使夏娃的蛇，更是魔王撒旦的妻子。

●拒絕男性居上體位的亞當前妻

莉莉絲是在猶太惡魔學裡面占有極重要地位的女惡魔。

《舊約聖經‧以賽亞書》34章14節如此寫到：「曠野的走獸要和豺狼相遇；野山羊要與伴偶對叫。夜間的魔女[*1]必在那裡棲身，自找安歇之處。」此處所謂「夜間的魔女」指的便是莉莉絲。相傳她原是美索不達米亞的惡靈莉莉特，會在夜裡徘徊襲擊男性、啜飲他們的鮮血。

後來這位莉莉特之所以會被猶太傳說吸收、成爲亞當的前妻，其實與《創世記》內容的自相矛盾有關。

《創世記》1章說神按照自己的模樣創造了人類男女。換句話說，人類的男女是在同一個時間被創造出來的，可是到了2章又說亞當單身，神才用亞當的肋骨創造女人（夏娃）。新莉莉絲傳說便是誕生自這個矛盾。

根據猶太的重要民間傳說——便西拉的《**字母**》記載，莉莉絲跟亞當一起用泥土被創造出來後，生活並不順利。原來莉莉絲無法接受性行爲中女性在下的體位，並且逃往紅海，即使三位天使追上去、試圖說服莉莉絲，也終究沒有回頭。

那麼，後來的莉莉絲又是如何呢？喀巴拉[*2]傳說說她是惡魔撒末爾的妻子，上半身是個充滿魅力的裸體女性，下半身卻是蛇形。此外，伊斯蘭教的傳說認爲莉莉絲跟撒旦發生關係、生下了惡靈鎮尼[*3]；換句話說，莉莉絲與亞當離異後成了魔王撒旦的妻子。基督教的惡魔學認爲她是服侍於惡魔的魔女，是女夜魔的同類，將會不停誘惑男性、直到世界末日爲止。

莉莉絲的經歷

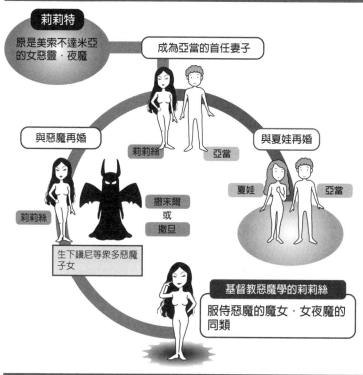

莉莉特

原是美索不達米亞的女惡靈・夜魔

成為亞當的首任妻子

莉莉絲　亞當

與惡魔再婚

莉莉絲

撒末爾
或
撒旦

生下鎮尼等眾多惡魔子女

與夏娃再婚

夏娃　亞當

基督教惡魔學的莉莉絲

服侍惡魔的魔女・女夜魔的同類

莉莉絲的形象

相傳莉莉絲上半身是人類女性，下半身則是蛇身。
猶太教經典《塔木德》*4傳說認為當初慫恿夏娃吃下禁忌果實的蛇，其實就是莉莉絲。

莉莉絲

女性

蛇

■用語解說

●《字母》→八～十世紀間彙集成書的猶太箴言集。

利維坦

Leviathan

惡魔利維坦的形象背後，其實隱隱帶著聖經中那個堪與撒旦或龍並稱邪惡象徵的海獸利維坦的影子。

●聖經中堪與撒旦和龍相匹敵的大惡魔

利維坦起源自聖經，而且在聖經裡面，利維坦是個堪與撒旦相匹敵的邪惡象徵。從前古迦南人信仰的豐饒神巴力打倒了原初之蛇羅坦（Ltn），後來這個羅坦就被寫進聖經成了利維坦。聖經是這麼寫的：「在地上沒有像他造的那樣，無所懼怕。凡高大的，他無不藐視；他在驕傲的獸族上作王。」（《約伯書》41章33～34節[*1]）。「到那日，耶和華必用他剛硬有力的大刀刑罰快行的蛇利維坦，並殺海中的龍。」（《以賽亞書》27章1節）。從這些紀錄裡面，應該很清楚地明白聖經裡的利維坦其實就是龍，就是撒旦。

約莫十六世紀以後利維坦完全演變成為惡魔，陸續引發了多起附身事件，許多魔導書也開始為文介紹利維坦，而利維坦自然就成了重要的大惡魔。譬如《亞伯拉梅林的神聖魔法書》說他和路西法、撒旦、彼列合稱為地獄最高四君主，或是相傳只要手握利維坦的魔法陣唱誦咒文，便能召喚以人類姿態現身的惡魔，還有《阿爾馬岱的魔導書》[*2]也提到利維坦和阿斯摩丟斯告訴我們惡魔的惡德有多麼恐怖。再說到惡魔附身事件，利維坦不僅與最著名的盧丹惡魔附身事件有關（請參照P.180），其他像是西元1647年的**盧維埃惡魔附身事件**，利維坦跟大袞等惡魔也讓許多修女吃盡了苦頭。

霍布斯[*3]的哲學書《利維坦》（1651）之所以藉他作為壓抑性國家之象徵，便是因為利維坦是最適合此一比喻的極惡存在。

利維坦的特徵

| 聖經的利維坦 | ➡ | 堪與撒旦匹敵的惡之象徵 |

| 惡魔利維坦 | ➡ | 地獄最高君主之一 |
| | | 附身惡魔 |

● 聖經裡面利維坦的特徵

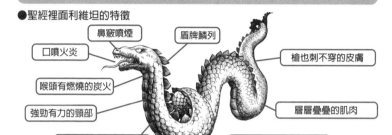

- 鼻竅噴煙
- 盾牌鱗列
- 口噴火炎
- 槍也刺不穿的皮膚
- 喉頭有燃燒的炭火
- 強勁有力的頸部
- 層層疊疊的肌肉
- 堅硬如石的心臟
- 如陶器碎片般的腹部

❖ 地獄的入口・利維坦之口

　　關於利維坦，《約伯記》（41章19〜21節）[*4]還有以下的記述：「從他口中發出燒著的火把，與飛迸的火星；從他的鼻孔冒出煙來，和燒開的鍋和點著的蘆葦。他的氣點著煤炭，有火焰從他口中發出。」這般描述簡直恍如地獄，是故約莫從十二世紀起，許多畫家便開始將利維坦的嘴巴畫成地獄的入口。上方左圖是十四世紀後半法國的彩色抄本《愛的聖務日課書》插畫局部。圖畫裡描繪反叛天使們被逐出天界、被利維坦之口吞噬的場面。上方右圖是西元1530年左右發行的德國刊物的插畫，描繪惡人死後惡魔之手將其靈魂拖進利維坦之口（地獄的入口）的模樣。

■用語解說

● 盧維埃惡魔附身事件→法國盧維埃的修道院多位修女遭惡魔附身的事件，除利維坦以外，還有大袞、普提法爾、格隆迦德、伊薩卡隆、貝西貘斯等惡魔並起作祟。

No.018

貝西貘斯

Behemoth

《舊約聖經‧約伯記》說貝西貘斯是個與利維坦同等恐怖的怪物，後來這位惡魔更在十六世紀以後建立起無可撼動的地位。

●既是河馬亦是大象的暴飲暴食惡魔

貝西貘斯在《舊約聖經‧約伯記》裡被寫作是足以與海怪利維坦相提並論的恐怖陸地怪物。「你且觀看貝西貘斯巨獸；我造你也造他。他吃草與牛一樣；他的氣力在腰間，能力在肚腹的筋上。他搖動尾巴如香柏樹；他大腿的筋互相聯絡。他的骨頭好像銅管；他的肢體彷彿鐵棍。他在神所造的物中為首；除創造者以外沒人能用劍刺他。[*1]」

根據《舊約聖經偽典‧以斯拉記四》記載，從前神在創造天地的時候，讓貝西貘斯與撒旦同時在海裡誕生，可是因為他們太過巨大、無法同時在海中生活，於是貝西貘斯才被帶到了陸地上。

聖經裡的貝西貘斯據稱是河馬模樣，而俄羅斯語裡面behemot也是河馬的意思，因此這個說法應該不難理解。另外，貝西貘斯也經常被想像成是隻大腹便便的大象。根據聖經問世以前的傳說記載，猶太人的神耶和華曾經跟迦南人的豐饒女神阿娜特[*2]結婚，相傳當時耶和華以象形的印度神迦尼薩[*3]自稱，而貝西貘特便是由這頭象所孕生。

十六世紀以後，貝西貘斯獲得身為惡魔、無可動搖的地位。不過也許是因為利維坦太過突出的緣故，使得人們對貝西貘特在地獄裡的地位幾乎沒什麼討論，像盧丹（請參照P.180）和盧維埃（請參照P.40）的惡魔附身事件便是如此。儘管將惡魔與七宗大罪聯結起來的賓斯費德說別西卜是暴食的惡魔，不過我們也不能忘記大多數的惡魔學者都認為貝西貘斯才是引誘人暴飲暴食的惡魔。

何謂貝西貘斯

| 聖經的貝西貘斯 | ➡ | 恐怖的陸地怪物 |

| 惡魔貝西貘斯 | ➡ | 活躍於惡魔附身事件 |
| | | 是有名的暴飲暴食惡魔 |

Ｍ・Ｌ・布爾頓為柯林・德・普朗西《地獄辭典》第六版（1863年）繪製的貝西貘斯。大腹便便的大象模樣，活脫脫就是個暴飲暴食的惡魔。

●聖經所述貝西貘斯的特徵

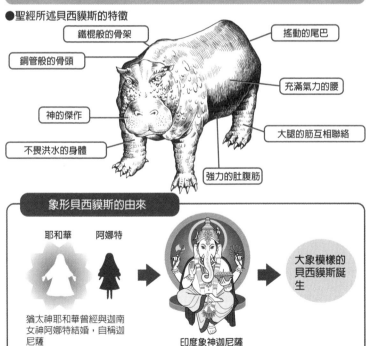

- 鐵棍般的骨架
- 銅管般的骨頭
- 神的傑作
- 不畏洪水的身體
- 搖動的尾巴
- 充滿氣力的腰
- 大腿的筋互相聯絡
- 強力的肚腹筋

象形貝西貘斯的由來

耶和華　　阿娜特

猶太神耶和華曾經與迦南女神阿娜特結婚，自稱迦尼薩

印度象神迦尼薩

➡ 大象模樣的貝西貘斯誕生

43

巴力

Baal

惡魔巴力其實源自《舊約聖經》提及的異教神祇巴力，其後這個名字更衍生出許多其他的惡魔，構成巨大的「巴力」族群。

●衍生出眾多惡魔的「巴力」威力

　　《舊約聖經》裡面曾經提到好幾位名叫巴力的異教神祇，而他們也都在後來各自演變成為獨立的惡魔。

　　舉例來說，《民數記》25章數節描述摩押人[*1]崇拜的「毘珥（菲戈）的巴力」，後來變成了怠惰的惡魔貝耳非高爾；《士師記》8章數節所載示劍人的神「巴力比利土」則是成了所羅門王72惡魔當中的貝雷特（或作貝雷斯），至於將惡魔位階傳授給米夏埃利斯神父[*2]的惡魔巴魯貝力特，同樣也是從這位神明變化而來。此外，《列王紀下》1章數節所提到非利士人的神「巴力西卜」後來則是變成了鼎鼎有名的別西卜。另外還有像惡魔彼列也是從巴力此名的希伯來語讀音貝利亞爾轉變而來的名字。

　　為何會有這樣的事情呢？那是因為巴力這個字原是個指稱「主人」、「王」的普通名詞。換句話說，「毘珥的巴力」就是「毘珥的王」，「巴力比利土」則是「比利土的王」的意思。《列王紀下》10章諸節將古代迦南人的豐饒神稱為「巴力」，但這位神明真正的名字其實叫作哈達，原作「巴力哈達」（雷鳴之王），可是聖經卻只記作巴力而已。

　　惡魔巴力便是衍生自這些眾多異教神祇的名字。時至十六世紀前後，巴力已經被視為力量非常強大的惡魔，這點從《惡魔的偽王國》和《所羅門王的小鑰匙》（雷蒙蓋頓）記載的惡魔王國君主一覽表可見一斑。兩本書表都說巴力是率領龐大軍團的東方之王，並將他列在名簿的首位，這恐怕都要歸功於「巴力」名號的不凡威力。

何謂巴力

惡魔巴力 ➡ 《舊約聖經》的異教神變成惡魔

「巴力」是「主人」、「王」的意思

與《舊約聖經》「巴力」有關的惡魔

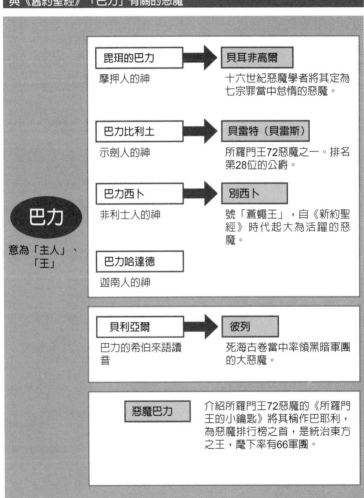

巴力

意為「主人」、「王」

毘珥的巴力
摩押人的神
➡ **貝耳非高爾**
十六世紀惡魔學者將其定為七宗罪當中怠惰的惡魔。

巴力比利土
示劍人的神
➡ **貝雷特(貝雷斯)**
所羅門王72惡魔之一。排名第28位的公爵。

巴力西卜
非利士人的神
➡ **別西卜**
號「蒼蠅王」,自《新約聖經》時代起大為活躍的惡魔。

巴力哈達德
迦南人的神

貝利亞爾
巴力的希伯來語讀音
➡ **彼列**
死海古卷當中率領黑暗軍團的大惡魔。

惡魔巴力
介紹所羅門王72惡魔的《所羅門王的小鑰匙》將其稱作巴耶利,為惡魔排行榜之首,是統治東方之王,麾下率有66軍團。

No.020

亞斯她錄

Astaroth

自十六世紀以來四處肆虐為禍的惡魔亞斯她錄，乃是源自《舊約聖經》，就連所羅門王也要崇拜的古代腓尼基女神阿斯塔特。

●頻頻出現於附身事件與魔導書之中的惡魔

　　姑且不論其他方面，亞斯她錄的起源非常古老。這個名字是古代腓尼基都市比布洛夫的守護神、閃族的豐饒女神阿斯塔特[*1]的變形，而女神阿斯塔特又與古代美索不達米亞的女神伊施塔[*2]有親緣關係。《舊約聖經》曾多次提及她的名字，譬如《列王紀上》就說所羅門王娶了好幾位信仰崇拜女神阿斯塔特等神祇的外國妻子，此舉觸怒了神，才使得以色列分裂成南北兩個國家。換句話說，女神阿斯塔特是絕對不可信仰崇拜的異教神，而她也跟其他異教諸神同樣以惡魔的身分進入了基督教。

　　阿斯塔特女神後來演變成惡魔亞斯她錄，變化發生於何時已不得而知，不過亞斯她錄在十六世紀以後特別猖獗，多次出現在魔導書和惡魔附身事件當中，甚至可以跟路西法、別西卜和阿斯摩丟斯等大惡魔相提並論。舉例來說，《教皇洪諾留的魔導書》（請參照P.204）就說亞斯她錄是應選在星期三召喚的惡魔，《亞伯拉梅林的神聖魔法書》（請參照P.208）說亞斯她錄是次級君主八惡魔之一，而在《阿爾馬岱的魔導書》（請參照P.206）裡面則是跟路西法、別西卜一同講述當初惡魔興亂反叛乃至墮落天界諸事經過的惡魔。《所羅門王的小鑰匙》（請參照P.198）和《惡魔的偽王國》（請參照P.122）稱其為地獄的侯爵，而根據賽巴斯汀・米夏埃利斯神父的分類（請參照P.120），亞斯她錄屬於第一級惡魔，原是座天使的君主。至於盧丹惡魔附身事件中（請參照P.180），則是與阿斯摩丟斯同時附身於修女珍・德・安潔的惡魔。

惡魔亞斯她錄的誕生

古腓尼基的豐饒神
阿斯塔特

=
異教的女神

✕ 基督教 **→** 惡魔亞斯她錄

異教女神在基督教世界被打成惡魔

從十六世紀開始打響名號的惡魔亞斯她錄

星期三的惡魔
《教皇洪諾留的魔導書》

次級君主八惡魔之一
《亞伯拉梅林的神聖魔法書》

地獄的侯爵
《惡魔的偽王國》
《所羅門王的小鑰匙》

盧丹惡魔附身事件中大為活躍

依米夏埃利斯神父的分類屬第一級惡魔，原是座天使

告知惡魔反叛的祕密
《阿爾馬岱的魔導書》

《阿爾馬岱的魔導書》所載召喚亞斯她錄的符號

這幅亞斯她錄形象乃是Ｍ‧Ｌ‧布爾頓為西元1863年刊行的柯林‧德‧普朗西作品《地獄辭典》第六版所繪製。

摩洛

Molech

密爾頓讚為墮天使當中最強大、最凶惡的惡魔摩洛，其實原是要求信徒獻孩童為祭的古代異教神。

●沾滿活祭鮮血的凶猛惡魔

摩洛亦稱摩洛克，在眾多惡魔當中以殘忍及凶惡而超群出眾。密爾頓[*1]的《失樂園》說無數惡魔在天界之戰吞敗、被打落地獄以後，魔王撒旦首先清醒過來，跟倒在旁邊的副官別西卜交談，而摩洛便是在大批惡魔中第一個趕到的惡魔，並且形容他是「沾滿活人獻祭的鮮血、全身灑滿父母淚水的恐怖君王」（平井正穗譯／岩波書店）。不久後，眾惡魔建設起萬魔殿，議論今後對策，摩洛也挺身主張應當再次與天使們公然開戰。「他是天界所有戰鬥過的天使當中最強、最凶猛的一個，如今卻因為絕望而變得更加凶猛」（出處同上）。即便在那場使他們墜落天際的天界決戰當中以落敗收場，仍不能否認摩洛勇敢地與天使加百列[*2]所率軍團經歷過激烈的戰鬥。

打從聖經時代以來，摩洛的殘忍與凶猛從未改變。《舊約聖經·利未記》就記載到：「不可使你的兒女經火歸與摩洛，也不可褻瀆你神的名。」（18章21節）摩洛是亞捫人[*3]的神，不過當時以色列人當中也有人崇拜這位異教神，甚至還拿自己的孩子獻祭，所以耶和華神才會斷然禁止。此外根據《列王紀上》記載，從前所羅門王為阿斯塔特、米勒公、基抹和摩洛等異教諸神建立祭壇，觸怒了耶和華神，使得以色列王國在所羅門王死後分崩離析。

---

*1 約翰·密爾頓（John Milton）：英國詩人。因反對查理一世的宗教改革，放棄神職而轉向文學創作。代表作《失樂園》被認為是英國文學史上最佳的敘事詩，是繼莎士比亞之後最偉大的英國詩人。

*2 加百列（Gabriel）：基督宗教神話中負責掌管死亡與審判的大天使。同時也是「上帝的傳令者」，曾經負責告知馬利亞已經懷了耶穌基督。

*3 亞捫人（Ammonite）：古代閃米特人的一支，主要城市為巴勒斯坦境內的拉巴亞捫（Rabbath Ammon）。

何謂摩洛

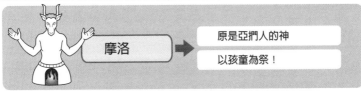

摩洛 → 原是亞捫人的神

以孩童為祭！

●密爾頓《失樂園》的摩洛

墮天使當中最強最凶猛的一個

灑滿父母流下的淚水

沾滿活人獻祭的鮮血

✤ 古代的摩洛肖像

斑鳩

母牛

人類孩童

小麥粉

公羊

公山羊

牛犢

　　上圖是十七世紀版畫裡描繪的古代摩洛肖像，外觀像是座爐，裡面燒著柴火。相傳古代把孩童作為祭品投入爐中，然後在一旁敲鑼打鼓掩蓋犧牲者的慘叫聲。柯林‧德‧普朗西說摩洛是「淚國的君主」，而拉比（猶太人的律法學者）的傳說則記錄了這座摩洛像的內部構造；據說內部有七個架子，依序擺放小麥粉、斑鳩、公羊、公山羊、牛犢和母牛，第七個則是放人類孩童。

49

大袞

Dagon

最終演變成半人半魚怪物的惡魔大袞，其實原是古代曾經和以色列發生過戰爭的非利士人所信仰的豐饒神。

●曾以魔神身分現身克蘇魯神話的惡魔

大袞半人半魚的怪物形象相當強烈。在密爾頓《失樂園》（1667）裡屬於主要惡魔，說他是海洋的怪物，上半身是人體而下半身卻是魚身。克蘇魯神話的創始者H.P.洛夫克萊夫特[*1]在小說《大袞》（1917）與《印斯茅斯疑雲》（1931）裡的魔神大袞亦承襲此概念，雖然整體仍是人類形體，卻身長九公尺、全身布滿鱗片而且手腳有蹼。

然而，其實大袞不僅是古代非利士人的豐饒神，而且還是個人類模樣的神祇。他在地中海周邊的都市諸如亞實突（亞鎖都）[*2]、迦特[*3]、亞實基倫[*4]、亞革倫[*5]和加薩[*6]都有雄偉的神殿。《舊約聖經‧撒母耳記上》（5章1～6節）記載非利士人曾經搶奪以色列神的約櫃，將約櫃運送到亞實突的大袞神殿，隔天早晨就看見大袞神像的手足都已截斷、倒伏在以色列神的約櫃前。後來之所以演變出魚的形象，似乎是因為希伯來語的「dag」是「魚」的意思，使得部分的猶太教拉比[*7]認為大袞是半人半魚的神。

像大袞這種異教神當然會被基督教貶為惡魔，有趣的是在著名的魔導書裡卻遍尋不著他的名字，倒是曾經出現在十六、十七世紀間流行的集體附身事件中。譬如法國的盧維埃修道院從西元1630年起的十年內總共有五十二名修女被至少十四位惡魔附身的事件，當時附在她們身上的便是大袞、普提法爾和格隆迦德諸惡魔。柯林‧德‧普朗西的《地獄辭典》則說大袞是二級魔神，在地獄宮廷當中負責麵包的製造與管理，還說他曾經出現在1660年法國奧松的烏爾蘇拉會女子修道院集體附身事件中。

半人半魚的惡魔大袞的形象

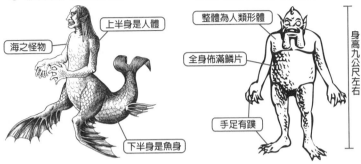

●《失樂園》的惡魔大袞

- 上半身是人體
- 海之怪物
- 下半身是魚身

●洛夫克萊夫特筆下的魔神大袞

- 整體為人類形體
- 全身佈滿鱗片
- 手足有蹼
- 身高九公尺左右

被以色列的神耶和華擊敗的大袞神

大袞神 × 主的約櫃 → 肢解的大袞神

據《舊約聖經》記載，非利士人將神的約櫃停放在大袞神神殿，隔天早晨大袞神像便已支離破碎地倒在地上……

盧維埃修道院集體附身事件中肆虐為禍的大袞一黨

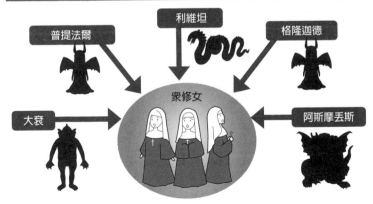

利維坦

普提法爾

格隆迦德

眾修女

大袞

阿斯摩丟斯

梅佛斯特

Mephostphiles

浮士德傳說當中的惡魔梅佛斯特，其實就是後來以德國文豪歌德創作戲劇《浮士德》而聞名的惡魔梅菲斯特的原型。

●隨浮士德傳說而生的新惡魔

梅佛斯特乃是因為十六世紀德國創作出來的浮士德傳說而聞名的新惡魔。根據J.B.羅索[*1]的說法，Mephostphiles其實是由希臘語的mē（否定）、phōs（光）、philos（愛好者）構成的造語；換句話說，梅佛斯特便是「不愛光者」，是「帶光者」路西法的戲仿[*2]。

浮士德傳說是以某個名叫約翰‧喬治‧浮士德的史實人物為藍本而逐步演繹形成的傳說，直到西元1587年才有第一部完整的作品出版，將真實的浮士德傳說廣傳於世，這本書便是約翰‧史皮斯的《約翰‧浮士德博士的故事》。

根據這本書的記述，梅佛斯特絕非路西法那般的高級惡魔，甚至和浮士德博士締結契約還必須獲得「路奇法大人」（路西法）的許可，可見他只不過是路西法手下的一員。故事中，彼列是眾惡魔的首領，其魔下則又有路奇法、別西卜、亞斯她錄、撒旦、亞奴比斯、丟提卡奴斯、多拉斯七大惡魔，梅佛特斯只不過是其中一員。

不過梅佛斯特卻不是個陳腐而無趣的惡魔。他不但令人畏懼，還擅長各種陷人於不義的手段，是個長於狡智、有如詐騙份子的惡魔。梅佛斯特總是佯裝自己受到浮士德的魔法支配、召喚，其實這些都只是他故意表演出來的假象，目的就是要誘惑浮士德沉迷於世間享樂，最後再令其破滅。雖然惡魔梅佛斯特最後是在德國文豪歌德的筆下才蛻變而成，不過早自梅佛斯特誕生之際便已經可以窺見其不同於一般的性格。

梅佛斯特的由來

| 梅佛斯特 | ➡ | 浮士德傳說的惡魔 |

名字的由來

Mephostphiles
不愛光者

= mē（否定）
+
phōs（光）
+
philos（愛好者）

➡ 路西法
（帶光者）
的戲仿

⬇

歌德著作《浮士德》當中梅菲斯特的原型

浮士德傳說描述的惡魔界組織

首領 彼列

七大惡魔：路奇法｜別西卜｜亞斯她錄｜撒旦｜亞奴比斯｜丟提卡奴斯｜多拉斯

路奇法 → 梅佛斯特

傳說中的梅佛斯特地位並不高

十六世紀出版的戲劇，克里斯多福・馬婁[*3]《浮士德博士的悲劇》封面所繪正在召喚惡魔的浮士德博士以及應召喚出現的梅佛斯特。

■用語解說

● 《約翰・浮士德博士的故事》→日本有《德國民眾書的世界III：浮士德博士》（松浦純譯／國書刊行會）譯本出版。

梅菲斯特

Mephistopheles

由歌德創作的偉大世界文學——戲劇《浮士德》中的惡魔，直到今天仍然擁有很大影響力。

●獨立於古老惡魔學之外的新時代惡魔

梅菲斯特身為全世界最為人所知的惡魔之一，是德國文豪歌德（1749～1832）戲劇《浮士德》裡的惡魔，亦作「Mephisto」。歌德的《浮士德》是取題於浮士德傳說的作品，因此梅菲斯特可謂是從浮士德傳說中的惡魔梅佛斯特發展出來的形態。

然而，梅菲斯特和梅佛斯特間卻有著極大的差異。歌德《浮士德》裡的梅菲斯特是在事先獲得神許可的情形下誘惑浮士德，這就跟《舊約聖經·約伯記》裡，撒旦在神的許可下試探約伯的信仰相同，是《約伯記》的戲仿（請參照P.012）。他雖是惡魔，性格卻十分複雜，這點從他說自己「總想作惡、卻總行了善的那種力量的一部分」（《河出世界文學全集2》高橋健二譯／河出書房新社）的自我介紹便可見得。

浮士德博士在《浮士德》裡和荷姆克魯斯[*1]遍遊古希臘的世界，照理說此行原本應當由梅菲斯特來帶路，可是他卻因為古希臘並非基督教世界不能成行。光是這點便與十六、十七世紀的惡魔學，主張異教世界是由惡魔支配統治的觀點截然不同，並且恐怕也跟歌德刻意與基督教保持距離有相當的關聯性。梅菲斯特還有個缺點，那就是他無法理解何謂人類的真正滿足。他打賭說如果浮士德透過享樂得到滿足，自己就能夠得到浮士德的靈魂，而故事最後當浮士德獲得滿足的時候，梅菲斯特便以為自己勝利了；可是浮士德的滿足並非因為享樂所致，而是透過人性的、英雄式的努力得來，於是梅菲斯特終究沒能夠奪得浮士德的靈魂，而浮士德也在死後被迎入了天國。

梅菲斯特的特徵

梅菲斯特 ➡ 歌德作品《浮士德》的惡魔

與梅佛斯特之間的不同 ➡ 准奏 / 是

神　　　　　梅菲斯特

梅菲斯特是在神的許可之下採取行動

狡智聰明…

性格複雜

獨立於十六、十七世紀的惡魔學之外

無法前往非基督教的異教世界

無法理解何謂人類的真正滿足

《飛翔的梅菲斯特》
德拉克洛瓦*繪

✤ 浮士德博士與狗

　　歌德的《浮士德》中，梅菲斯特以黑捲毛狗的模樣首次出現在浮士德的面前。雖然梅菲斯特在《浮士德》僅此一次變化成狗的模樣，可是這形態卻是別有意涵的。其實浮士德博士在十六世紀成立的浮士德傳說裡也會帶著好幾頭狗，而這些狗經常被指為是惡魔梅菲斯特的化身。於是歌德便按照這則傳說，讓梅菲斯特以狗的模樣登場。話雖如此，浮士德傳說中的狗同樣也有其由來，那便是文藝復興時期的德國人文主義者阿古利巴（1486～1535）的狗。阿古利巴著有《細說神祕哲學三部曲》等作品，也是個大名鼎鼎的魔法師，當時他就養過黑色的大狗，而在關於阿古利巴的眾多傳說中皆稱那隻狗便是惡魔。換句話說，阿古利巴的狗先是受到十六世紀的浮士德傳說採納，然後才成了歌德《浮士德》裡面的黑色捲毛狗。

■用語解說

●梅菲斯特→Mephistopheles是歌德的自創語，不過莎士比亞的《溫莎的風流婦人》（1602）中已經出現Mephistophilus這個字了。J.B.羅素指出這個造語應該是取意於拉丁語的Mephitis（硫磺的、惡臭的）。

惡魔與鬥爭神話

　　原意為「敵對者」的撒旦在基督教的神話和傳說裡，一向都是被塑造成與基督敵對、雙方展開宇宙規模爭鬥的存在。不過這類的鬥爭神話絕非基督教所獨有的專利。根據《古代惡魔學——撒旦與鬥爭神話》（Neil Forsyth／法政大學出版局）的說法，聖經裡的故事其實受到了更加古老的鬥爭神話莫大影響，其中包括埃及神話、希臘神話、巴比倫神話、迦南神話等，此處且讓我們以對聖經影響最大的巴比倫神話為例。

　　《吉爾伽美什敘事詩》[*1]堪稱巴比倫神話的核心故事，據說它成書於西元前2000年前後，內容描述英雄吉爾伽美什對抗森林怪物洪巴巴的故事。洪巴巴是隻吼如雷鳴、口吐火焰且氣息能致人於死的怪物，而吉爾伽美什卻試圖跟這隻怪物戰鬥，某個版本的文獻甚至提到，在吉爾伽美什前往森林裡拿取女神依南娜[*2]聖樹的時候，還有條蛇守在那株樹木的根部。《創世記》裡的伊甸園故事便是有意識、與其相似的產物。此外，洪巴巴在古代傳說裡原是受命於主神恩利爾[*3]，負責威脅人類、守護森林，可是後來卻被當作是世間萬惡的根源，換句話說就是彷彿撒旦般的存在。

　　巴比倫神話中還有個巨大蛇龍拉甫為禍人間的故事。眾神委託某個身分不明的人物討伐龍，而那位英雄也用箭擊敗了龍。那條龍是來自海洋的拉甫，甚至可以說是利維坦的祖先也不為過。

　　另外尼魯塔[*4]與神鳥安[*5]之戰的故事也頗耐人尋味。根據這則故事記載，從前主神恩利爾制定眾神的準則，任命安擔任傳令，但當安看到恩利爾的神力、王冠、神聖長袍和命運書板之後，心裡卻像撒旦那樣想從主神恩利爾手中奪權。於是他乘隙偷走了王冠和命運書板，奪得恩利爾的神權。眾神驚慌之下緊急召開會議，委託尼魯塔對付安，而尼魯塔因此被迫必須接下這個苦差事。

　　光看巴比倫神話，便已經發現許多日後受到基督教神話‧傳說承繼的要素，可見古代的鬥爭神話對基督教的神話‧傳說究竟有多麼大的影響。

[*1]《吉爾伽美什敘事詩》（Epic of Gilgamesh）：譽為最古老的敘事詩，書中記載到堪與聖經大洪水相對照的故事。

[*2]依南娜（Inanna）：蘇美神話最重要的女神。一般認為她是巴比倫神話女神伊施塔的原形。

[*3]恩利爾（Enlil）：天空之神安與大地女神基所生的神明。

[*4]尼魯塔（Ninurta）：蘇美神話中的戰爭之神，也是位特別強調血腥戰爭的神明，軍人領袖的鼻祖。

[*5]安（An）：蘇美神話中天空的化身，也是恩利爾的父親。他在巴比倫神話裡被稱為「安努」（Anu），是神話初期的主神。

第 2 章
惡魔學・基礎篇

作為神學的惡魔學

Theological demonology

為戰勝強敵諾斯替教，基督教自二世紀起便開始發展基督教神學，並展開各式各樣的惡魔論述。

●基於一部分神學體系所建立的惡魔學

　　西元一世紀時巴勒斯坦有位名叫耶穌的人物出現，在猶太教內部推廣革新教義，而基督教便是由相信這位耶穌為**基督（救世主＝彌賽亞）**的信徒所創。可是直到二世紀初基督教仍然沒有一個明確的教義體系，儘管當時的基督教已經有了包括《福音書》在內的各種經典，可是這些正典卻是直到四世紀末才終於被彙整成為如今的《新約聖經》。中間這段時間，基督教的眾多領袖思想家、著述家傾注全力，致力區分諸多教義當中何者屬於正統，而何者又是屬於異端。

　　基督教徒之所以會展開這項工作，同一時代的諾斯替教可謂影響甚鉅。諾斯替教與基督教是各自獨立的宗教，可是它的神話中卻帶有猶太教、基督教、希臘神話、柏拉圖主義[*1]色彩，而且還擁有與基督教徹底敵對的內容。而為排除諾斯替教的影響，基督教勢必要打出一套明確的正統神學。

　　自此之後，無數思想家各自建立了形形色色的神學，而這些神學也很理所當然的將惡魔論也涵蓋其中，換言之，那個時代的惡魔學是屬於神學的一部分。從聖依納爵、奧利金、聖奧古斯丁等基督教眾教父，到摩尼教[*2]和諾斯替教等異端宗教，惡魔論都是非常重要的一環。雖然唯有勝利者成為正統，落敗者將打成異端，可是異端的神學並不會就此消滅，從中世紀出現好幾個異端教派便可知異端神學同樣也會流傳後世，而包羅於神學之中的惡魔論也是如此。存在於極端正統與極端異端之間的各種惡魔論，全都對後世的惡魔形象造成了影響。

[*1] 柏拉圖主義（Platonism）：凡最終從柏拉圖獲得靈感的哲學，均可稱為柏拉圖主義。各類柏拉圖主義的共同之處，是對人生特別關注

[*2] 摩尼教（Manichaeism）：舊譯明教、明尊教、末尼教、牟尼教。三世紀在波斯由摩尼（Mani）所創始的宗教運動。

建立重要惡魔論述的神學者‧教父‧異教徒

| 神學 ➡ | 始於二世紀 ➡ | 展開各自的惡魔論述 |

聖依納爵	安提阿主教（約35～107）。主張這個世界是光明軍團與黑暗軍團的決戰戰場。
聖查斯丁	神學家（約100～165）。主張唯有神是最純粹的靈，其次是天使，而惡魔則是更粗雜的靈。
聖伊里奈烏斯	里昂主教（約140～202）。主張惡魔乃是神所創造，所以絕對低於神。
德爾圖良	迦太基主教（約170～220）。主張不道德的世俗生活就等同於加入惡魔的軍隊。
諾斯替教	流行於一～三世紀的思想運動。主張基督教的唯一神耶和華才是惡魔。
奧利金	出身亞歷山卓的教父（185～251）。主張神是憐憫而寬大的，最終甚至連撒旦都能得到救贖。
拉克坦西	出身非洲的教父（約245～325）。主張神用第一口氣息創造了基督和撒旦。
摩尼教	波斯人摩尼（216～276）創始的宗教。主張神與惡魔是早自初始便已存在的兩個相互獨立的原理。
埃瓦格里烏斯	曾經居住在埃及荒野的修道僧（345～399）。主張地獄惡靈總共可以分成八個種類。
聖奧古斯丁	建構了基督教的基本神學的神學家（354～430）。主張撒旦就是路西法，永遠無法得到救贖。
偽丹尼斯	西元500年前後的敘利亞修道僧。他決定了天使位階，對後世惡魔學造成相當大的影響。
鮑格米勒派	流行於十二世紀的異端教派。主張神之子撒達奈耶便是撒旦，他創造了宇宙，並且統治支配人類。
清潔派	流行於十二世紀的異端教派。主張人類是撒旦用黏土捏造，並將天使的靈魂封於其中。
伊斯蘭教	七世紀穆罕默德創立的宗教。主張唯一神是絕對的，其神力絕非惡魔可以比擬。

■用語解說

●基督（救世主＝彌賽亞）→希伯來語稱救世主為彌賽亞，譯作希臘語便是基督。

聖依納爵的惡魔論

Ignatius' demonology

善的天使與善的人類乃以基督為首，惡的天使與惡的人類則是由撒旦率領，接著光明軍團與黑暗軍團就要展開宇宙規模的戰爭。

●世界是光明軍團與黑暗軍團展開宇宙戰爭的戰場

西元107年殉教的**聖依納爵**認為惡魔是這個世界的君主。惡魔先是因為耶穌出現在這個世界而受到打擊，並且終將在耶穌以基督（救世主）身分再次降世之際被徹底粉碎。到那個時候世界就會終結，新世界＝神的王國將會建立，只是在那以前世界仍須受撒旦統治支配。

惡魔的目的就是使基督教徒墮落，妨礙基督實現神的國度。

是故，世界勢必會成為光明軍團與黑暗軍團展開宇宙戰爭的戰場。世上有許多天使，其中部分天使屬於惡的那方，而光明軍團便是由基督率領善的天使和善的人類所構成，黑暗軍團則是由撒旦率領惡的天使（惡靈）和惡的人類，所以人類同樣也要分為光明之子和黑暗之子兩個陣營。

具體來說，所謂惡的人類指的就是當時迫害基督教徒的羅馬帝國和異教徒等人，但這些人卻不及基督教內部煽動分裂的分離主義者和異端者可怕。

聖依納爵認為，唯有各地區的主教才能夠維護基督教的安定以及教義的正當性，所以任何未經主教建議或同意而行動者，都要將其視為選擇黑暗勢力的行為。

這是場全面性的決戰。當時的基督教徒把來自政府和民眾的迫害、拷問都視為惡魔所為，而異教徒的親切關心同樣也是惡魔的技倆。

不過，基督教徒絕對不能以暴力對抗，而是應當至死保持信仰、以精神的勝利為目標。因此對聖依納爵來說，唯有殉教才是對抗惡魔的終極武器。

光明軍團與黑暗軍團之戰

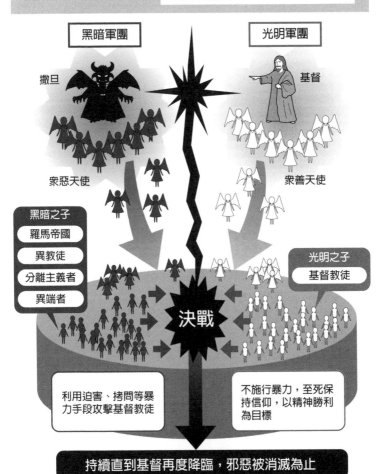

| 聖依納爵 | 惡魔是這個世界的君主 |
| （一世紀的神學家） | 世界是光明軍團與黑暗軍團展開宇宙戰爭的決戰之地 |

黑暗軍團　　　　　　　光明軍團

撒旦　　　　　　　　　基督

眾惡天使　　　　　　　眾善天使

黑暗之子
羅馬帝國
異教徒
分離主義者
異端者

光明之子
基督教徒

決戰

利用迫害、拷問等暴力手段攻擊基督教徒

不施行暴力，至死保持信仰，以精神勝利為目標

持續直到基督再度降臨，邪惡被消滅為止

■用語解說

●聖依納爵→安提阿主教（35～107），天主教會聖人。遭羅馬士兵抓去餵野獸，殉教而死。

聖查斯丁的惡魔論

Justin's demonology

> 儘管撒旦注定敗北，眾惡魔卻從未放棄設法折磨人類。只要堅持信仰，就能給與惡魔重大打擊。

●被神創造的撒旦是低劣於神的存在

活躍於西元二世紀的**聖查斯丁**認為，基督與基督教共同體勢必要對抗惡魔軍團、展開宇宙規模戰爭。對他來說，唯有神才是最純粹的靈，而天使是神的創造物，擁有微薄的軀體。眾天使居住在天國或天空中，身體是由比空氣細微的精神物質所構成，而墮落天使的身體又比善的天使更加粗雜。神讓這些天使分別統治一個民族、地區或個人，也就是所謂的看守天使。

從前神創造天使，給他們選擇善惡的自由，卻有部分的天使因誤行自由意志而墮落。第一個墮落的撒旦變成蛇的模樣誘惑住在伊甸園的亞當與夏娃，讓他們犯罪。到了諾亞的時代，《以諾書》提到有群看守天使從天界墮落至人間，跟人類女性生下了許多巨人**孩子**，而這些孩子便是惡靈。所以惡魔共有三個種類：撒旦、墮天使和惡靈，其中撒旦是眾惡魔的首領。

眾惡魔掌握了統治世界的權力，直到後來耶穌誕生使得他們大受打擊。當世界末日來臨時，耶穌將以**彌賽亞**（救世主＝基督）的身分再度降臨，徹底毀滅惡魔的王國，屆時眾惡魔會被打入地獄，永受烈火焚身之苦，而他們的下場恐怕就是被火焰燒成灰燼、終至消滅。儘管那最終的時刻尚未到來，但只要義人靈魂充滿天國便得以實現。

然而撒旦仍舊沒有放棄，至今仍在世界各地千方百計要妨礙基督的使命（人類得到救贖）實現。

---

* 士麥那（Smyrna）：即伊士麥（Izmir），土耳其西部城市。

構成神、天使、墮天使身體的物質

聖查斯丁
（二世紀的神學家）

- 善惡進行宇宙規模的鬥爭
- 唯獨神才是純粹的靈
- 每個天使和惡魔都各自統治著一個民族、地區或個人
- 直到世界末日前，地上世界都是由惡魔統治支配

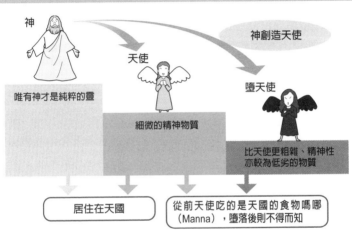

神

神創造天使

天使

墮天使

唯有神才是純粹的靈

細微的精神物質

比天使更粗雜、精神性亦較為低劣的物質

居住在天國

從前天使吃的是天國的食物嗎哪（Manna），墮落後則不得而知

惡魔的三個分類

聖查斯丁以天使娶凡間女孩的故事為前提，將惡魔分成以下三個種類，可是他的主張並未受到重視，很快就不再流傳

撒旦

墮天使

惡靈
（墮天使與人類女孩生的子女）

■用語解說

- ●聖查斯丁→生於士麥那＊的神學家（100～165），活躍於羅馬，最後殉教而死。屬於最早的一批基督教神學家。
- ●孩子→《創世記》稱天使與人類女孩生的孩子叫作拿非利人，說他們是上古英武有名的人。

63

聖伊里奈烏斯的惡魔論

Irenaeus' demonology

撒旦永遠劣於神。無論他的力量變得有多麼強大，忠於信仰者都能受到神的守護。到了最後，眾惡魔就會全數落入地獄。

●人類乃因亞當夏娃的原罪而淪為惡魔的奴隸

活躍於二世紀末的**聖伊里奈烏斯**認為惡魔是神的造物，絕對低劣於神、永遠從屬於神。撒旦的力量儘管強大，但仍然是有限的，當基督教徒祈禱、唱唸基督之名的時候，撒旦就必須逃跑；只要忠於信仰，就會受到神的守護。

良善的神是宇宙的創造者。天使是神所創造的宇宙一部分，而惡魔原本也是天使，所以可以得知惡魔同樣是由良善者創造。然而，撒旦不光是嫉妒神，他還嫉妒神用自己的形象創造人類、將世界的統治權交給人類，使他失去神的眷顧而墜落天界，至於其他的墮天使則是到了諾亞的時代才被逐出天界。

被逐出天界後，撒旦在伊甸園裡利用蛇誘惑亞當與夏娃、讓他們犯罪，這宗原罪扭曲了神依照自己模樣所創造的人類，使得他們的子孫淪為惡魔的奴隸。由於人類是出於自由意志犯下惡行，所以必須受惡魔支配統治直到罪衍還清為止。

不過，神的慈悲心卻促使祂讓兒子耶穌誕生到人類的世界。耶穌在這個世界所受的苦痛以及十字架上的受難都讓人類的罪得到了赦免。為什麼罪可以被赦免呢？聖伊里奈烏斯率先提出「**耶穌＝賠償說**」的強烈主張，他認為惡魔最終注定失敗，人類也會得救，然而撒旦卻從未停止企圖妨礙救贖。反基督將在世界末日迫近時出現，撒旦軍團的成員都會聽其號令，可是反基督終將落敗，在世界末日來臨之際，撒旦與惡靈也落入地獄、永受烈焰焚身之苦。

聖伊里奈烏斯所主張人類與惡魔的關係

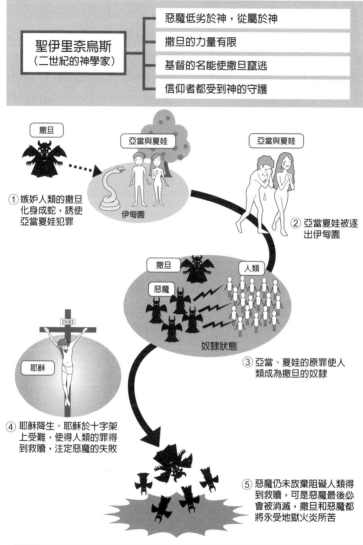

聖伊里奈烏斯
（二世紀的神學家）

- 惡魔低劣於神，從屬於神
- 撒旦的力量有限
- 基督的名能使撒旦竄逃
- 信仰者都受到神的守護

撒旦

亞當與夏娃

亞當與夏娃

① 嫉妒人類的撒旦
化身成蛇，誘使
亞當夏娃犯罪

伊甸園

② 亞當夏娃被逐
出伊甸園

撒旦

惡魔

人類

奴隸狀態

耶穌

④ 耶穌降生。耶穌於十字架
上受難，使得人類的罪得
到救贖，注定惡魔的失敗

③ 亞當、夏娃的原罪使人
類成為撒旦的奴隸

⑤ 惡魔仍未放棄阻礙人類得
到救贖，可是惡魔最後必
會被消滅，撒旦和惡魔都
將永受地獄火炎所苦

■用語解說

● 聖伊里奈烏斯→生於小亞細亞的里昂主教（140～202）。他徹底否定諾斯替
教，將其斥為異端。

● 耶穌＝賠償說→請參照P.088。

德爾圖良的惡魔論

Tertullian's demonology

喜好魔法與占星術，染指賽馬與觀賞戲劇等不道德且世俗的行為，就等同於自願加入惡魔的軍團。

●神創造宇宙，撒旦從事破壞

活躍於西元200年前後的**德爾圖良**認為規律的道德生活亦是對抗惡魔的一個環節，而從事不道德的世俗生活便代表加入惡魔的軍隊。

神的創造是善的，可是世間卻仍有惡存在，這都是因為撒旦、墮天使與人類的犯罪使然。

雖然神當初把天使創造成本性良善者，但還是有部分的天使因自由意志變成惡魔，向來位居天使之首的撒旦便是第一個墮落的。從此，宇宙開始有了罪與惡。

天使墮落的原因是羨慕與嫉妒。神創造天使以後，又依照自己的模樣創造了人類，這件事讓撒旦很生氣，決意背叛神。他潛入伊甸園矇騙亞當和夏娃、誘使兩人墮落，接著又把目標轉向同儕天使，讓部分天使對人類女性產生情慾，被逐出天界，而撒旦就這麼成為了墮天使的首領。後來墮天使跟人類女性產下巨人後代，這些巨人又與墮天使合稱為惡靈（Demon）。天使之所以能夠繁衍後代也有解釋，那是因為他們的身體是由細微物質所構成，可以任意變換成各種模樣。

在神的允許下，撒旦和眾惡靈住在低層的天空中危害人類，直到末日審判來臨。撒旦為害之甚在於使神創造的人類墮落，此外惡魔非但會引發自然災害，墮天使還會傳授人類女性以魔法、冶金、占星術等，並且帶來賽馬、浴場、飲食店、劇場等形形色色的娛樂，而沾染到這些世俗行為的人類，就等同於加入了撒旦的軍隊。

德爾圖良講述的撒旦惡靈史

| 德爾圖良
（三世紀的神學家） | 道德生活是對抗惡魔的一個環節 |
| | 不道德的生活就等同於加入惡魔的軍隊 |

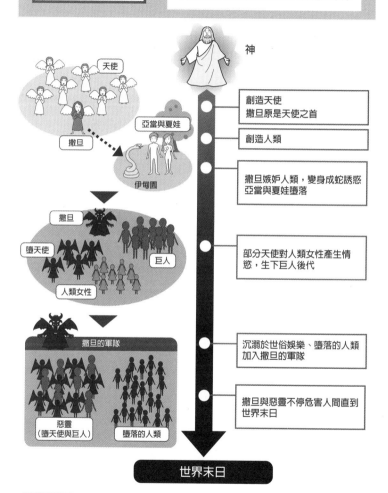

神

天使

撒旦

亞當與夏娃

伊甸園

撒旦

墮天使

巨人

人類女性

撒旦的軍隊

惡靈
（墮天使與巨人）

墮落的人類

創造天使
撒旦原是天使之首

創造人類

撒旦嫉妒人類，變身成蛇誘惑
亞當與夏娃墮落

部分天使對人類女性產生情
慾，生下巨人後代

沉溺於世俗娛樂、墮落的人類
加入撒旦的軍隊

撒旦與惡靈不停危害人間直到
世界末日

世界末日

■用語解說

●德爾圖良→迦太基主教（170～220），為後來聖奧古斯丁成就整合神學的偉大
功業奠定穩固基礎。

諾斯替教的惡魔論

Gnostic demonology

被斥為基督教異端的諾斯替教信徒認為，聖經所奉創造世界的唯一神耶和華其實是個名叫德繆哥的惡神＝惡魔。

●間接助長撒旦壯大的德繆哥

諾斯替教流行於西元一～三世紀前後的地中海世界，其教義中有套彷彿是故意與基督教正面衝突的惡魔論述。

諾斯替教認為由物質所構成的世界是個全惡的世界，因為世界正是惡魔創造的。不像基督教徒相信世界是良善的唯一神耶和華所創造，諾斯替教徒認為耶和華是惡魔，並且這個惡魔又另有**德繆哥**、雅爾達巴奧特（混沌之子）、撒卡拉斯（闇之君主）、撒末爾（盲目之神）等稱謂，其中雅爾達巴奧特是貶低耶和華的造語。傳說德繆哥共有七名、十二名，或者更多部下，這些部下全都喚作阿爾康（支配者），而當中居首的便是德繆哥。

生活於地上的人類完全受到阿爾康支配，所以剛開始都以為德繆哥是神，可是事情在基督出現後產生變化。人類發現在比德繆哥更加遙遠的另一方有個真實的善神存在，而基督便是受這位真實的神派遣而來的光、諾斯替（知識）。人類之所以發現這件事是因為人類有靈，而靈是由真神迸發的火花所構成，但這個火花卻受困於德繆哥創造的物質，亦即肉體之中。是故，人類最重要的目標就是使真神火花構成的靈從物質中解放，而獲取諾斯替（知識）乃是達到此目標的必須手段。

也正是為了打倒這個二元論述的異端學說，聖伊里奈烏斯、德爾圖良等基督教神學家將德繆哥的強大力量賦與撒旦，使得自身主張的學說也變成了二元論述。

何謂諾斯替教

| 諾斯替教 |—| 反宇宙的思想 |
| | | 與基督教敵對的惡魔論 |

諾斯替教的宇宙

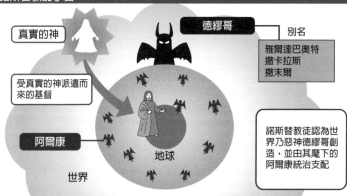

真實的神

德繆哥

別名
雅爾達巴奧特
撒卡拉斯
撒末爾

受真實的神派遣而來的基督

阿爾康

地球

世界

諾斯替教徒認為世界乃惡神德繆哥創造，並由其魔下的阿爾康統治支配

◆ 黃道十二宮的阿爾康 ◆

根據納傑哈馬迪經卷的《約翰密傳》記載，黃道十二宮的阿爾康分別如下：

① 哈托夫   ⑤ 阿當尼奧斯   ⑨ 約比爾
② 哈瑪斯   ⑥ 沙巴夫   ⑩ 阿姆皮埃爾
③ 伽里拉   ⑦ 凱南卡敏   ⑪ 阿當尼
④ 約比爾   ⑧ 阿比里西   ⑫ 貝利亞斯

諾斯替教所主張的人類

 物質的肉體   靈（神的火花）   人類

+   **=**

靈（神的火花）被囚禁在物質肉體內便是所謂的人類，只要得到基督＝諾斯替（知識），靈就能從肉體這座惡魔的牢獄裡得到解放

■用語解說

●德繆哥→源自柏拉圖的用語，其意為「造物主」，本無負面含意。

奧利金的惡魔論

Origen's demonology

從前神創造的智慧體因自由意志離神遠去、向下散播，並視其距離而分別變化成天使、人類、惡魔與撒旦。

●撒旦亦可透過靈的提升而變成大天使

出生於亞歷山卓的**奧利金**活躍於西元三世紀前半，他有套極具獨創性的惡魔論。

根據他的想法，神起初創造了眾多智慧體，這些智慧體都是平等且自由，而且全都選擇了離開神的完全領域。神為使宇宙充滿多樣化的存在容許了這樣的行為。

智慧體各憑自由意志往遠離神的下方移動，許多仍停留在天界或空中的智慧體都變成了天使，有些則是繼續往下方移動，停留在地面的成為人類，深入地底的則化身惡魔。

天界天使的身體是由天界精妙的**埃忒耳**所構成，其他智慧體愈是往下，身體的物質性就愈高，例如惡魔的身體就比人類更加物質。話雖如此，這變化具有延續性，攸關道德的行動非但能使大天使墮落為惡魔，也可能使惡魔變成大天使。

撒旦是最早從天界墜落的惡魔。撒旦即路西法，原是天界的最高位天使，卻因傲慢而墮落。

天使與惡魔在神的許可下分別支配人間的各個民族和地區，可是惡魔卻迫害基督教徒、挑起不義的戰爭，使人間成為天使與惡魔的戰場，甚至在每個人心中也都有一對天使與惡魔，隨時進行道德的交戰。此外，當死後審判決定死者該發配往天國或者地獄時，天使會為死者辯護，惡魔則是負責告發。

不過神是寬大而慈悲的，到最後不光只是天使和人類，就連惡魔和撒旦也同樣可以獲得救贖。

天使‧人類‧惡魔的誕生

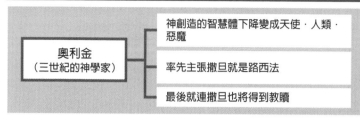

```
                    ┌─ 神創造的智慧體下降變成天使‧人類‧
                    │  惡魔
    奧利金          │
（三世紀的神學家）──┼─ 率先主張撒旦就是路西法
                    │
                    └─ 最後就連撒旦也將得到救贖
```

奧利金相信神創造的智慧體是憑著自由意志下降，然後變成天使‧人類‧惡魔

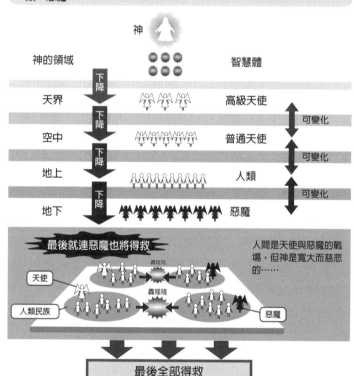

最後全部得救

■用語解說

●奧利金→出生於亞歷山卓的教父（185～251）。他是聖克雷芒的弟子，有其獨創的惡魔論，可惜未能受正統採納，死後三百年還被逐出教會。

●埃忒耳→構成天界的精妙物質，亦即現在稱為以太的物質。

拉克坦西的惡魔論

Lactantius' demonology

神先是創造出基督與撒旦這兩個善惡的宇宙原理，然後也替人類創造了兩個善惡的分裂，亦即追求神明的靈魂以及屬於惡魔的身體。

●神的氣息生出基督與惡魔

約西元250年生於非洲的教父**拉克坦西**，他以某種相當於二元論的**概念**對惡魔有以下的說明。

根據他的說法，神首先是用自己的氣息創造出善與惡的原理，而這兩個原理便是基督與撒旦。為何神要在創造善的同時創造惡呢？因為若無惡，便不知何為善；因為若只有善，便失去了選擇的自由。之後神又吹氣創造出其他天使，由於同樣來自於神的氣息，基督和撒旦也算是天使的同儕，可是在順序和其他層面就比天使來得優越。

後來物質世界與人類誕生，而跟隨撒旦為惡的天使也在不久後出現，他們跟地上的人類女孩生下巨人後代，墮落成為墮天使。拉克坦西便是藉此將惡魔劃分為撒旦、墮天使兩種。而這些原是天使的叫作天之惡靈，地上誕生的巨人則叫作地之惡靈。

如同宇宙有善惡兩種原理一般，神同樣也賜給人類善惡兩種原理——靈魂與肉體。靈魂嚮往神，肉體卻屬於惡魔。是故，惡魔會利用貪婪、性慾、財富、權力、名聲等肉體的欲望誘人為惡，使人類處於通往天國與地獄兩條道路的分岐點上。

待世界終結之際基督會再度降臨，將邪惡軍團掃入地獄，解決所有問題。然而神為了考驗基督教徒的信仰，這個時刻卻遲遲不見到來。不過，惡魔畢竟是不及於神的存在，只要用基督的信仰武裝自己，那麼惡魔就無法征服人類。

拉克坦西所述惡魔與人類的關係

拉克坦西
（三世紀的神學家）

二元論式惡魔論

神以氣息創造善惡原理

基督和撒旦都是天使同儕

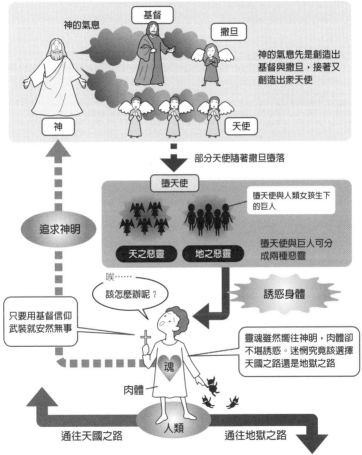

神的氣息

基督

撒旦

神的氣息先是創造出
基督與撒旦，接著又
創造出眾天使

神

天使

部分天使隨著撒旦墮落

墮天使

墮天使與人類女孩生下
的巨人

墮天使與巨人可分
成兩種惡靈

天之惡靈

地之惡靈

追求神明

誘惑身體

唉……
該怎麼辦呢？

只要用基督信仰
武裝就安然無事

靈魂雖然嚮往神明，肉體卻
不堪誘惑。迷惘究竟該選擇
天國之路還是地獄之路

魂

肉體

人類

通往天國之路

通往地獄之路

■用語解說

●拉克坦西→出生於非洲（245～325），以修辭學專家、古典文章大家為世所知。
他原是異教徒，於西元300年前後改信基督教，留下《神聖教規》等重要著作。

73

摩尼教的惡魔論

Manichaean demonology

主張神與惡魔是最初便已經存在的兩個原理，神魔之戰還要延燒到每個人類的內部，直到世界結束為止。

●直到人類終結方休的善惡之爭

摩尼教乃波斯人摩尼（216～276）所創，他們憑藉徹底的善惡二元論推演出一套極獨特的救贖理論，並且對基督教的惡魔概念造成了影響。

根據摩尼教的主張，早在物質宇宙誕生以前──亦即萬物的原初，便已經有善與惡兩種原理存在。善的本質是神，祂是偉大的父（Abba deRabbuta）；惡的本質是撒旦，他是黑暗之王（Mlek Heshuka）。善惡兩個原理本是獨立的存在、互不相關，直到後來善的光明進入惡的世界，使得黑暗之王對光的世界發動了攻擊。雖然偉大的父試著派出自己創造的原人反擊，但原人卻敗於黑暗之王及其麾下的惡阿爾康（惡靈），而黑暗之王便在此時吸收了原人持有的光。

其後，神派遣生命之靈前去解救光，生命之靈也成功消滅眾阿爾康，將阿爾康的遺體肢解、創造出太陽、月亮、大地、動物、植物等各種物事。換言之，生命之靈就是創造世界的德繆哥（造物主），而這一切都是出自神的計畫，因為如此一來，當世界死絕滅亡的時候，光＝靈魂便可以完全從物質解放，回歸原來的光之世界。另一方面，黑暗之王也創造出亞當與夏娃對抗，只要他們兩人的子孫繼續繁衍增加，光＝靈魂就會不斷分散下去，永遠被禁錮在肉體的囚籠之中。後來，充滿光輝的耶穌。在神的指派下變身成蛇，將智慧果實的存在告訴亞當，使其覺醒，讓這場神魔之爭延燒成人類心中的善惡之爭，綿延不絕。唯有當惡魔的造物──人類面臨末日的時候，這場戰事才宣告終結，靈魂也將完全回歸於光的世界。

摩尼教講述的神魔之爭

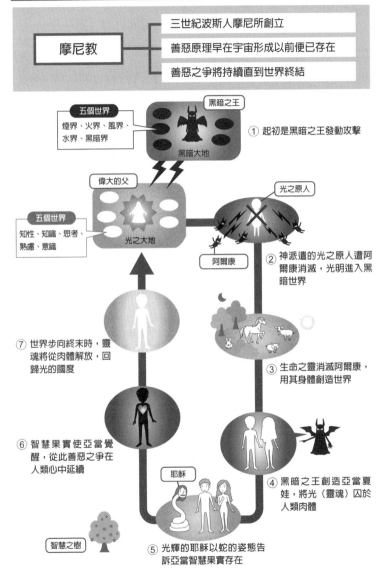

摩尼教 ── 三世紀波斯人摩尼所創立

善惡原理早在宇宙形成以前便已存在

善惡之爭將持續直到世界終結

五個世界
煙界、火界、風界、水界、黑暗界

黑暗之王

黑暗大地

① 起初是黑暗之王發動攻擊

偉大的父

五個世界
知性、知識、思考、熟慮、意識

光之大地

光之原人

阿爾康

② 神派遣的光之原人遭阿爾康消滅，光明進入黑暗世界

⑦ 世界步向終末時，靈魂將從肉體解放，回歸光的國度

③ 生命之靈消滅阿爾康，用其身體創造世界

⑥ 智慧果實使亞當覺醒，從此善惡之爭在人類心中延續

耶穌

④ 黑暗之王創造亞當夏娃，將光（靈魂）囚於人類肉體

智慧之樹

⑤ 光輝的耶穌以蛇的姿態告訴亞當智慧果實存在

埃瓦格里烏斯的惡魔論

Evagrius' demonology

根據埃瓦格里烏斯的主張，人類有八種情念的思維（λογισμοι），而地獄界的惡靈也彷彿與其對應般有八個種類。

●成為日後「七宗罪」根據的八種情念思維

西元四世紀的教父**埃瓦格里烏斯**與聖安東尼（請參照P.108）都是生活在荒野的修道士，切身感受過惡魔的存在。此外，他深受奧利金影響，認為惡魔是智慧體墮落所致。

埃瓦格里烏斯認為，從前神創造的純粹知性（νους）經過增殖後生出許多同等的知性，但有部分可以自由活動的知性卻開始墮落，唯一沒有墮落的知性便是主＝神子。每個靈的墮落程度都與他的罪相對應：由火焰構成的善天使停留在天界，而部分的靈則變成土做的人類，罪衍深重的靈變成由空氣構成的惡魔。愈低的靈就愈黑暗、濃密、粗大，也愈物質。純粹知性墮落後成為具有情念的魂，支配人類的情念乃是性慾，支配惡魔的情念則是憤怒，而情念又生出八個種類的思維（λογισμοι）：暴食、傲慢、色慾、貪婪、絕望、憤怒、精神怠惰和虛榮。後來的七宗罪便是由此衍生。

惡魔依階級組織各有其目的與個性，對應到八種情念思維也各有所長，其中最恐怖的當屬精神怠惰的惡魔阿卡迪亞，亦稱白晝的惡魔。惡魔是由最重、最冷、無光的空氣所構成，可以幻化成任何形體模樣，平時住在空中的他們憑翼而翔，只要把身體縮得極小便能與空氣一同入侵人體。此外，惡魔雖然無法進入人類的靈魂，卻可以從頭腦下手，然後利用各自負責的情念思維陷人於罪，想盡方法讓人類遠離神。

所以基督教徒的目的就是要不斷修練累積，使靈魂達到名為阿帕提亞（Apatheia）的狀態，免於情念思維的困宥。

---

*1 本都（Pontus）：古安納托利亞東北部與黑海毗鄰的地區。西元前四世紀末亞歷山大征服此地區後建立本都王國。

*2 大助祭（Archdeacon）：基督教會職稱。最初指主教座堂中眾助祭之長；到了中世紀是主教區的重要神長；在現代天主教會則為榮譽稱號。

埃瓦格里烏斯的惡魔分類法

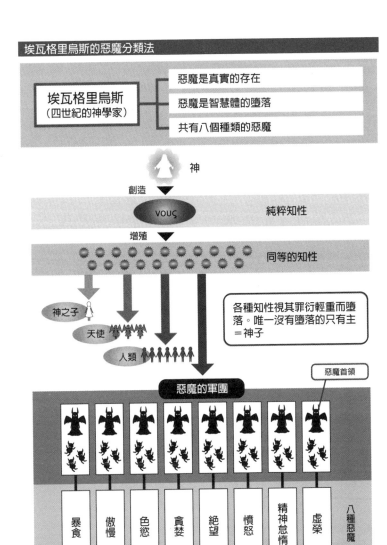

埃瓦格里烏斯
（四世紀的神學家）
- 惡魔是真實的存在
- 惡魔是智慧體的墮落
- 共有八個種類的惡魔

神

創造 ▼

VOUς　純粹知性

增殖 ▼

同等的知性

各種知性視其罪衍輕重而墮落。唯一沒有墮落的只有主＝神子

神之子

天使

人類

惡魔的軍團

惡魔首領

八種惡魔

暴食　傲慢　色慾　貪婪　絕望　憤怒　精神怠惰　虛榮

惡魔有階級組織及席次。對應人類的八種情念思維可分為八類，每個軍團各有其首領。

■用語解說

●埃瓦格里烏斯→本都[*1]主教之子（345～399），一度成為大助祭[*2]，後來厭倦君士坦丁堡的優渥生活，從西元383年開始到過世為止一直生活在埃及的荒野之中。

聖奧古斯丁的惡魔論

Augustine's demonology

聖奧古斯丁是西方基督教會基礎神學的建構者，他認為撒旦就是路西法，而墮天使的罪絕對無法得到容赦。

●本應是更優越的存在，天使的罪絕對不容寬恕

曾任北非希波主教的聖奧古斯丁（354～430）是位擁有極大影響力的神學家，他建立的神學與惡魔論乃是後世西方教會（天主教會與新教會）的基礎。

根據聖奧古斯丁的說法，神最早創造的是天使，由於他們被造成自由的存在，故能立即做出道德的選擇。許多天使選擇敬愛神，可是最高位的天使路西法卻不這麼做，而是因為驕傲選擇愛自己而非愛神，造成路西法墮落天界、成為撒旦（魔王），而跟隨路西法的墮天使也變成了惡魔。墮天使在天國裡的階級愈高，就會落入愈深的地獄，所以撒旦也就降到了宇宙的最深處。

後來，撒旦對在樂園裡面過著幸福生活的亞當、夏娃感到嫉妒，遂誘惑兩人墮落。然而撒旦自始至終沒有強迫、只是誘惑，所以人類同樣也是憑著自由意志選擇了墮落。自從亞當犯罪以後，惡魔就得到染指人類的權力，而神也允許這樣的行為。因為唯有體驗過罪惡，人類的靈魂方能追求良善。

儘管惡魔和人類都犯了罪，卻有輕重之別。人類本來就孱弱而無知，而且還是受惡魔的誘惑才致墮落，所以值得同情，仍然可以透過基督得到救贖。可是惡魔並非如此。惡魔本是天使，是擁有許多智慧與知識的優越存在，因此他們犯下的罪行斷不可恕。如同不會再有良善天使變成惡魔一般，惡魔也無法變回天使，待世界終末來臨，所有墮天使都將被囚禁於地獄，永遠得不到救贖。

愈是高位的天使，降得愈深

聖奧古斯丁	影響力最大的神學家
	北非希波主教
	惡魔的罪永不得恕

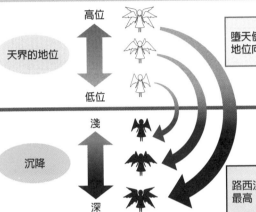

天界的地位

高位

低位

墮天使將視在天界的地位向下沉降

沉降

淺

深

路西法在天界裡地位最高，降得也最深

惡魔的罪永不得恕

人類

本來就是愚昧的　　➡　　其罪可憫　　➡　　因此可以得到基督教贖

惡魔

本來就屬優越的天使　　➡　　其罪不容同情　　➡　　永不得恕

偽丹尼斯的惡魔論

Pseudo-Dionysius' demonology

宇宙乃是從距離神最接近的實體延伸到距離神最遙遠實體的階級構造，其中撒旦位於距離神最遙遠、最接近虛空的地方。

●位於距離神最遠、最接近虛空處的撒旦

偽丹尼斯是西元500年前後的敘利亞修道僧，以對後世惡魔學造成莫大影響的天使階級論述而聞名於世。

根據他的說法，神是完全超越人類理性的存在，其本質固然是隱而不宣，然而神的行為與顯現卻是以宇宙的形式呈現，即便人類亦可有部分的認識。

神從無生出宇宙，而宇宙是從最接近神的實體擴展直到最遙遠的實體，在這個階級構造當中，擁有知性者將朝著與神合一的目標上升。彷彿是要對應三位一體的聖父、聖子、聖靈，眾家天使亦可分成三個階級，而每個階級又可細分成三個階段，即上級三天使（熾天使、智天使、座天使），中級三天使（主天使、力天使、能天使），下級三天使（權天使、大天使、天使），共九個階級。神的光明將會按照上級天使、中級天使、下級天使、人類的順序傳遞。

偽丹尼斯認為會跟人類溝通的屬於下級天使，所以惡魔理應同樣屬於下級天使，但是許多神學家相信撒旦原是最高位的天使，於是偽丹尼斯遂根據天使的階級判定路西法屬於熾天使。除此之外，後世眾多惡魔學家亦將這套天使階級應用於惡魔界。

偽丹尼斯認為所謂的惡其實是善的缺乏或不存在。既然是神的造物，惡魔的本質便是善、便是實際存在，可是惡魔卻將意志運用於利己的欲望，利己欲望愈高的惡魔就愈遠離實際存在、愈接近不存在。是故，所有的實際存在當中就屬撒旦距離神最遙遠，位於最接近空虛的地方。

偽丹尼斯提出的天使位階

偽丹尼斯
- 西元500年前後的敘利亞修道僧
- 首次論及天使位階
- 認為惡是來自於善的缺乏或不存在

	位階名	英文名
第一階	熾天使	Seraphim
	智天使	Cherbim
	座天使	Ofanim
第二階	主天使	Dominions
	力天使	Virtues
	能天使	Powers
第三階	權天使	Principalities
	大天使	Archangels
	天使	Angels

上至神明下至惡魔的連續存在

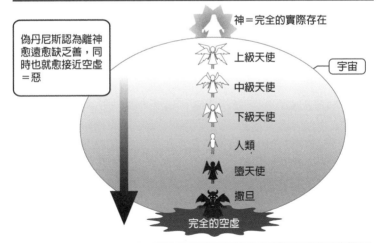

偽丹尼斯認為離神愈遠愈缺乏善，同時也就愈接近空虛＝惡

神＝完全的實際存在

上級天使

中級天使　　宇宙

下級天使

人類

墮天使

撒旦

完全的空虛

■用語解說

●偽丹尼斯→以《新約聖經 · 使徒行傳》當中的丟尼修（丹尼斯）自稱寫作，直到十九世紀發現並非其人，從此冠以「偽」字區別之。

鮑格米勒派的惡魔論

Bogomil demonology

宇宙乃真神之子撒達奈耶背叛神所創造，後來他在敗給弟弟基督後終於變成了醜陋的撒旦。

● 喪失神性的撒達奈耶蛻變為撒旦

十世紀興起於保加利亞的**鮑格米勒派**是基督教的異端教派，其二元論惡魔論述深受諾斯替教與摩尼教影響。

鮑格米勒派底下存在各種分支，其中某分支主張真神有個兒子名叫撒達奈耶。撒達奈耶原本被創造為善的存在，負責輔佐神，可是他卻心生不滿、意欲自己做神，還說服三分之一的天使加入自己。撒達奈耶跟同伴被逐出了天界後仍不放棄，決定成為「第二個神」，並且創造了物質宇宙，卻在用泥土和水創造人類的時候失敗了，不得已只能以共同統治支配人類為條件請求神的協助，由神負責創造靈魂、撒達奈耶造肉體，最後創造出亞當與夏娃。後來撒達奈耶誘惑夏娃、變成蛇的模樣與其交合，讓夏娃生下該隱，而該隱又殺死了由亞當和夏娃所生下的亞伯，世上從此便有了殺人的罪。撒達奈耶為強化對人類的支配，將律法賜給摩西，還通過感應讓人類寫下《舊約聖經》。換句話說，《舊約聖經》所講述的唯一神其實就是撒達奈耶。不過為懲罰撒達奈耶誘惑夏娃，真神奪去他的創造力、將其變成醜陋的模樣，自此之後神與撒達奈耶遂展開了爭奪宇宙統治權的激烈爭鬥。

在五千五百年後，神決意拯救人類而生下聖子基督與聖靈，因此基督應該算是撒達奈耶的弟弟。基督為告知人類惡魔的真正身分而降生於世，擊敗了撒達奈耶，使得他再度被拋落天際。撒達奈耶就是在那個時候失去了名字中意味著神的「el」，終於變成了撒旦。

鮑格米勒派講述的撒旦誕生

鮑格米勒派 ── 流行於十二世紀的基督教異端教派

撒旦與神共同創造人類

撒旦與基督是兄弟

神

是！

撒達奈耶

① 撒達奈耶本是輔佐神的助手

轟隆隆

嗚哇

② 想要自己當神，跟同伴天使被逐出天界

我是第二世界的神！

哇哈哈哈

亞當與夏娃

③ 撒達奈耶創造第二世界，還得真神協助創造了人類

消滅吧惡魔！

驅魔

呃

基督

④ 五千五百年後，受神派遣的基督誕生於第二世界，打敗撒達奈耶

可惡～那我就變成撒旦給你看看！

⑤ 撒達奈耶被逐出第二個天界，變成醜陋的撒旦

■用語解說

● 鮑格米勒派→西元950年前後鮑格米勒於保加利亞創立的教派，亦曾在十二世紀的西歐造成流行。

清潔派的惡魔論

Cathari demonology

天使的魂被囚禁於肉體的牢籠中，此即人類存在之祕密，而這些全都得歸因於邪惡原理——撒旦的陰謀所致。

●撒旦將天使靈魂囚禁於黏土內創造人類

自十二世紀中葉開始，盛行於南歐地區的**清潔派**試圖以二元論述說明神與惡魔的關係。清潔派所主張的二元論有的極端、有的溫和，此處挑選較極端的二元惡魔論加以介紹。

清潔派認為善的原理＝真神和惡的原理＝惡神原本就是各自獨立存在的，撒旦若非是那位惡神，就是惡神之子。從前撒旦對善的世界發動攻擊時，曾大膽進入善的世界，引誘眾天使：跟我一起來到地上，我將給你財富、給你妻子。當時有許多天使聽從其勸說離開了天界，而撒旦就在遠離天界的地方創造物質宇宙，並用土捏成人形、將天使的魂囚禁其中。這裡要注意的是，天使離開時把靈和衣服留在了天界，只有帶著魂離開。

因此，人類其實是惡魔創造的物質與天使魂的混合物，並且是為了將天使的魂囚禁於肉體牢籠而存在，而這個世界實為地獄。

神為拯救天使於苦難，派遣一名天使擔任救贖者來到世間，這位天使正是基督，其使命就是要讓人類想起自己的起源，教導人類如何跟留在天界的靈合而為一，所以基督才會帶著福音書前來。基於以上所述，清潔派認為基督其實是靈，而他受難於十字架並非現實。此外，清潔派還認為《舊約聖經》屬於邪惡，唯有《新約聖經》才是正典。他們相信完成基督教誨者便能與天上的靈結合、獲得救贖，否則就要在死後進入另一個肉體，不斷重複轉生的過程。

清潔派所述撒旦的誘惑與天使的墮落

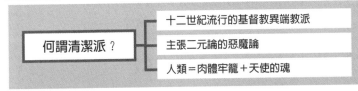

	十二世紀流行的基督教異端教派
何謂清潔派？	主張二元論的惡魔論
	人類＝肉體牢籠＋天使的魂

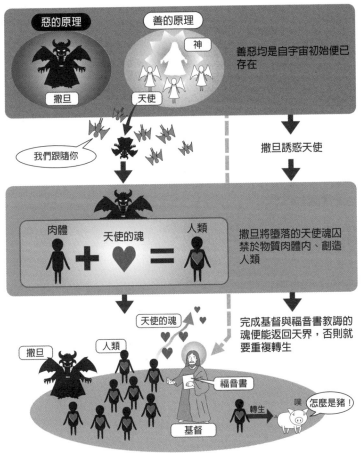

惡的原理 撒旦

善的原理 神 天使

善惡均是自宇宙初始便已存在

我們跟隨你

撒旦誘惑天使

肉體 ＋ 天使的魂 ＝ 人類

撒旦將墮落的天使魂囚禁於物質肉體內、創造人類

撒旦 人類 天使的魂

完成基督與福音書教誨的魂便能返回天界，否則就要重複轉生

福音書

基督

轉生 噗 怎麼是豬！

■用語解說

●清潔派→源自鮑格米勒派的基督教異端教派，興起於十一世紀，十二世紀中葉盛行南歐地區，因為被中世紀教會視為眼中釘而受十字軍迫害，滅絕於十四世紀中葉。

伊斯蘭教的惡魔論

Islamic demonology

伊斯蘭教的惡魔雖然與猶太教、基督教的惡魔有密切關係，其惡魔易卜劣廝卻是完全依存於全知全能的神阿拉。

●遠不及神明的孱弱惡魔易卜劣廝

興起於七世紀的伊斯蘭教跟猶太教、基督教有**密切的關係**，在惡魔論上亦是如此，可是伊斯蘭教又有其獨特的色彩。

伊斯蘭教的神阿拉跟猶太教、基督教的唯一神雖然都是同一位，可是伊斯蘭教對唯一神是全知全能這件事卻絲毫不曾妥協。因此儘管伊斯蘭教也有惡魔的概念，可是惡魔卻是完全依存於神的存在。

伊斯蘭教的撒旦叫作易卜劣廝，別名曬依陀乃，有時亦稱蘭弗雷或盧拉彼德。他能夠變換成任何模樣，身邊還有哈魯特與馬魯特等墮天使或邪惡鎮尼（妖靈）跟隨簇擁。易卜劣廝跟撒旦一樣原本都是天使（亦有一說原為鎮尼），但神用黏土創造了亞當，並且命令眾天使在他的面前伏拜，遭到易卜劣廝拒絕。他說自己是火精靈，不能向黏土捏成的卑劣人類伏拜，因此被逐出天界，受到神的詛咒。當時易卜劣廝曾經向神懇求將對自己的詛咒延後至世界的最終日，同時獲得了神的允許可以誘惑、誤導人類。

然而易卜劣廝卻有別於基督教的撒旦，無法成為神的強敵。易卜劣廝雖然能夠施行誘惑，卻無法強迫人類，而且易卜劣廝在敬愛神的人面前完全沒有力量，所以人類也不能以他作為犯罪的藉口。人類之所以會犯罪是因為自己聽信易卜劣廝的誘惑，責任終究還是要歸於人類本身。

伊斯蘭教神與惡魔的力學

伊斯蘭教 ─┬─ 七世紀默罕穆德創立的宗教

└─ 與猶太、基督教有密切關係

 真神阿拉　　　 惡魔易卜劣廝

$>$

唯一神阿拉是完全的全知全能，而惡魔易卜劣廝完全依存於神

易卜劣廝雖然能施行誘惑卻無法強制人類，在敬愛神的人面前完全沒有力量

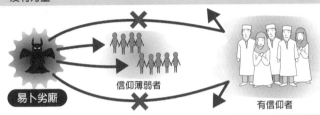

信仰薄弱者

易卜劣廝

有信仰者

❖ 伊斯蘭教的墮天使

　　從相當於基督教撒旦的易卜劣廝在真神阿拉面前毫無力量可以得知，伊斯蘭教並不重視惡魔的概念。不僅惡魔學不發達，就連墮天使和惡魔出現的機會也很少。儘管如此，伊斯蘭教還是有哈魯特和馬魯特這兩位墮天使。傳說這兩位墮天使跟基督教的墮天使同樣是因情慾而致墮落，後來擔任起地獄的審問官、看守者，負責對罪人施以嚴刑峻罰。由於他們執行職務相當認真，因此很難徹底將其打成惡魔。另外還有鎮尼。他們雖然並非天使，卻也會像惡魔一般採取妨礙信仰的行動。鎮尼可作妖靈、精靈等譯，是神在創造亞當的兩千年前以無煙的火焰所創造。平時用肉眼看不到鎮尼，他們既可以幻化成如煙霧般的氣體也可以變成其他個體，一千零一夜故事裡的阿拉丁神燈精靈便是鎮尼的一種。鎮尼有分善良與邪惡，其中惡鎮尼就扮演著惡魔的角色。

■用語解說

●密切的關係→伊斯蘭教教義主張《舊約聖經》、《新約聖經》與伊斯蘭教正典《可蘭經》的原典是相同的經典，位於第七層天。不過，正如同《新約》否定《舊約》一般，《新約》同樣遭到《可蘭經》的否定，認為唯有《可蘭經》才是最正確的經典。

耶穌＝贖金理論

根據基督教的傳統思考，撒旦之所以獲得世界的統治權，是因為亞當、夏娃犯下偷嚐伊甸園智慧果實的原罪，而神將人類許給撒旦做奴隸作為懲罰。

可是後來神因慈悲心讓耶穌誕生於人間，當耶穌被釘上十字架受難，人類的罪也就得到了赦免。此後，撒旦失去以人類為奴隸的正當權利，人類也成為了自由之身，有機會得到救贖。儘管撒旦仍千方百計阻撓，但這些努力終究都是白費的。

話說回來，神為什麼要做這麼麻煩的事情呢？其次，耶穌的犧牲為何能使人類得到赦免呢？

聖伊里奈烏斯主張的「耶穌＝賠償說」，也就是「贖金理論」，對於這些疑問提出了說明。

根據這個理論，神雖然一度承認撒旦以人類為奴的權利，但為了實現祂的計畫必須使人類自由。神之所以為神，自然能夠以絕對的力量從撒旦手中奪回人類，但是這樣的做法並不適合代表正義的神，於是心生一計，讓自己的兒子耶穌基督降生人間，允許撒旦殺死耶穌作為解放人類的贖金。撒旦知道耶穌是最偉大的人類，而且亟欲擁有自己的王國，於是便同意了這個交易，不料最後卻以失敗收場。原來耶穌雖然身為人類，內部卻具備神性，也就是毫無任何的罪，而惡魔並無權利將無罪者據為己有。最後，惡魔喪失了神賜與的權利，既無法以人類為奴，也無法捉到耶穌。聖伊里奈烏斯認為基督的犧牲使惡魔失去力量，使人類從永恆的懲罰中獲得解脫、獲得自由。

不過這個理論有個缺點：倘若事情真是如此，撒旦不就成了足以向神索取贖金的巨大力量了嗎？教會曾為此傷透了腦筋。不過，聖伊里奈烏斯的這個理論後來非但受到聖奧古斯丁承認，甚至到了四世紀尼斯的聖格列高利*也繼承此一說法，讓所有的基督教徒奉行長達將近千年之久。

---

* 尼斯的聖格列高利（Gregory of Nyssa，335～395？）：基督教哲學神學家、神秘主義者。他與奧利金皆認為人的物質性是人類始祖犯罪墮落的結果，對基督教思想的主要貢獻是將希臘文化及基督教傳統均衡地融合起來。

第 3 章
惡魔學‧進階篇

惡魔學的多樣化

Rich growth of demonology

進入中世以後，除古代傳承下來的聖經與神學惡魔論外，惡魔學又增添了民間傳說、異教神話、文學藝術等各種要素，變得極為多樣。

●因教會、知識份子、民眾成就的多樣惡魔形象

中世以後基督教會開始對一般民眾施以教化，同時也使惡魔逐漸在民眾的世界裡傳播開來。基督教會灌輸給民眾的惡魔形象，除了聖經和神學家的著作以外，還有個很重要的來源，那便是修道士眼中的惡魔形象。所謂修道士指的是遠離塵世、過著孤獨信仰生活的人。在極度禁慾之下，修道士經常受到強烈的妄想所擾，甚至光憑著這種妄想便能形塑出具體得近乎可怕的惡魔形象，其中當屬四世紀聖亞大納西所著《聖安東尼傳》裡的惡魔最為有名，後來這種惡魔形象也傳播到了民間。

然而，惡魔在中世開始的前幾個世紀並不單單是恐怖。一般民眾將基督教會所講述的惡魔形象任意與古代流傳下來的傳說、民間故事裡的異教諸神，甚至與妖精的形象進行混合，結果出現了以狡智欺人的滑稽惡魔。

到了十一世紀教育變得較為普及，知識份子漸漸增加，文學和繪畫也為惡魔增添新的形象。與此同時，堪稱基督教哲學的經院哲學也已獲得確立，他們透過理論的、希臘哲學式的考察，使惡魔論產生了變化。等來到中世末期，惡魔形象又產生更劇烈的變化，這個時代異端與鼠疫盛行，使得歐洲人對惡魔更加畏懼，包括路西法在內的許多惡魔被描繪成特別恐怖而巨大的怪物模樣。此外，人類對惡魔的恐懼也是促成惡魔學成為一門獨立學問的重要因素。

中世紀以後，惡魔學將各階層的份子牽在一起，衍生出多樣的發展，進而豐富了惡魔的世界。

---

* 托馬斯·阿奎那（Thomas Aquinas，約1225~1274）：中世紀基督教神學家、經院哲學家。使用哲學方法論證神學命運。認為真理首先在理智中，然後才在事物。

滲透至庶民階層的多樣化惡魔學

中世以後陸續有新要素加入，使得惡魔學更加多樣化

聖經

古代神學

經院哲學

民間傳說

修道士

多樣的惡魔形象

庶民

傳說

神話

文學

異教徒

知識份子

藝術

異端派

惡魔學的多樣化

❖ 經院哲學與惡魔

　　中世的經院哲學家不斷在思索惡魔是何時墮落的、惡魔為何無法得救、惡魔住在哪裡、惡魔的身體是由何種物質構成等諸多問題，並且對這些問題展開比以往更加細微縝密的思考。就這點來說，他們的努力確實對惡魔學的發展有所貢獻，可是經院哲學家卻不認為神學的理論體系需要有惡魔存在。他們探討惡的本質，卻不提惡魔。舉例來說，最重要的經院哲學家托馬斯‧阿奎那[*]就說撒旦固然可以引誘人類犯罪，卻無法使用強制的手段。所以，人類犯下的罪行，到頭來還是要算在自己的頭上。那麼撒旦究竟是什麼呢？阿奎那說撒旦是將所有屬惡的被造物歸結於單一實體的首領，是他們的王。從這個角度，惡魔在中世神學裡扮演的角色變得沒那麼重要，可是另一方面，惡魔在歐洲文化的活動領域卻加以擴大，在這個時代出現了許多以惡魔為主題的文藝作品、繪畫作品，在非神學領域裡創造出極具魅力的惡魔形象。

惡魔長得什麼模樣?

Appearance of demons

據說惡魔能變換成任何模樣,但惡魔通常不是被描述成蛇、山羊、狗等動物,就是類似希臘神潘的模樣,有一定的傾向。

●動物、毛茸茸的牧神潘、美麗的天使

惡魔雖然能夠變身成任何模樣,卻也有偏好的扮相。自古以來,惡魔就一直很喜歡變作動物的樣子。根據四世紀的《聖安東尼傳》(請參照P.108)記載,惡魔經常以獅、熊、豹、公牛、蛇、蠍、狼等外型出現,有時還會變身成黑人的模樣。而在埃及一帶,也有類似埃及神明朱鷺頭人身、鱷頭人身、犬頭人身等擁有動物頭顱的惡魔,或者五世紀《巴托洛米奧福音書》裡的惡魔則是巨人。惡魔無法徹底模仿人類的容貌,在他們改變不了的地方會長出另一張臉,所以有些惡魔才在臀部、膝蓋等處多一張臉。

九世紀以後人們開始描繪惡魔,其中經常可以看見全身毛茸茸、頭頂山羊角、四肢成蹄或成爪、尖耳、長著尾巴的惡魔。一般認為這些特徵大多是來自於希臘神話裡半人半山羊的神祇——潘。潘是森林之神,是混沌生命力的象徵,很適合作為與基督教秩序敵對的惡魔。撒旦往往會被描繪成比普通惡魔更巨大、更接近野獸的黑猩猩,而眾惡魔則是裸體(大多會纏上腰布),至於那些有翼的惡魔,他們的雙翼在十四世紀以前都是天使的翅膀,直到十四世紀以後才變成蝙蝠的蝠翼。此外,惡魔一開始的武器是三叉戟,後來換成了鐵鉤,方便他們在地獄裡拖行罪人。儘管惡魔的外形醜陋,但其實他們在過去天使時期很美麗,直到被逐出天界才變得醜惡。不過自十五世紀起,有將惡魔畫得比較接近人類的傾向,十七世紀甚至更有美如天使的惡魔出現。

惡魔通常都是什麼模樣？

惡魔的模樣 ➡ 惡魔能變成任何模樣

但惡魔的模樣還是有一定的傾向

傾向1 惡魔經常變作動物的模樣

惡魔自古就經常變成蛇、山羊、狗、狼、豹、熊、馬等動物的模樣

傾向2 由希臘神祇潘演變成的模樣

希臘神話的森林之神潘

十三世紀手抄本所繪的惡魔

雖然四肢是鉤爪而非蹄足，仍然看得到許多來自潘的特徵

角　尖耳朵

蹄

毛　尾巴

角

尖耳朵

尾巴

鉤爪

毛

傾向3 蝠翼、第二張臉、鐵鉤

十四世紀後半在法國創作的手抄本局部。

鐵鉤也是惡魔的代表物之一

十四世紀開始出現有蝠翼的惡魔

有時會在身體某處冒出另一張臉

惡魔住在哪裡?

Where do demons exist?

儘管被囚禁在地獄裡接受懲罰,惡魔卻也是地獄的看守者,而且還能任意離開、在天空中閒晃,任何場所都可以是惡魔的住處。

●身為地獄囚徒的同時卻也是自由之身

惡魔住在哪裡?這個問題的答案從以前就模糊而曖昧。中世的基督教神學家紛紛尋求過解答,卻始終沒能找到一個令人滿意的答案。

在聖經和啓示錄文學中,惡魔確實是被逐出天界了,可是惡魔是被打落空中,還是被打到地底的地獄呢?如果是地獄的話,那惡魔是如何離開地獄、加害人類的呢?有人認爲惡魔要等到世界末日才會落入地獄,在那之前他們仍然是自由之身,至今還在天空中遊走。被拋落天界的惡魔雖然失去從前的勢力,可是還沒有被打倒,暫時還能夠繼續危害人間。

不過,約莫從三世紀開始,基督教認爲人類會在死後立刻前往天國或地獄,而地獄是惡魔對罪人施以刑罰的場所,因爲當時很難將在地獄受到的苦難歸因於神。只是這麼一來又會遭遇到另一個難題:惡魔究竟是在地獄裡面受苦的囚徒,還是擔任地獄看守者的角色?

這問題始終沒能得到一個確實的答案,所以下列說法都可以說是正確解答。惡魔在被禁錮於地獄受苦的同時,也擔負起折磨罪人的工作,而且還能任意離開地獄、遊走於天空之中。此外,他們還要阻擋人類的靈魂,在地上加害人類。也有人認爲尚未接受洗禮的人類身體是惡魔的住處,或者惡魔雖然無法住在人類心裡,卻可以住在人類的身體。由此可知惡魔其實可以存在於任何地方。

惡魔可能的住處

 惡魔住在哪裡？ ➡ 除天國以外的任何地方

地點 1　地獄

惡魔被囚禁在地獄接受懲罰，同時也擔任看守者負責折磨罪人。

地獄

烈焰焚身的惡魔

烈焰焚身的罪人

獄卒惡魔

地點 2　空中

惡魔可任意離開地獄，四處遊走於空中、加害於人類。

惡魔　加害　人類　加害　空中

地上

地點 3　人類的身體

惡魔也可以住進人類的身體裡面。

?

惡魔

No.043

惡魔的身體是何種物質構成的？

What are demons made of?

根據神學家的考察，天使和惡魔的身體雖然不像神是純粹的靈，卻也與構成人類的物質不同。

●惡魔與天使同屬靈的受造物

惡魔的身體是以何種材質所構成的呢？關於這個問題，基督教眾學者自古便有許多討論。

二世紀的教父聖查斯丁主張唯有神才是最純粹的靈，天使稱不上是純粹的靈，他們的身體是某種非常稀薄的物質，而墮天使則是以比天使更粗糙的物質。另一方面，這個時代亦存在著空氣分成兩種的思想。從地面到月球這段較低的天空中充滿濃密的空氣，而月球到天國的高空中則是稀薄的空氣＝埃忒耳。於是遂有人認為天使和惡魔同樣是由埃忒耳構成，他們的身體比空氣更加細微、更富精神性。

二世紀的教父塔提安[*1]認為天使擁有細微的靈性身體，而惡魔與聖靈的距離比天使更遠，所以構成其身體的物質較為粗糙。那種物質有別於神的純粹聖靈，可以說是某種物質性的靈體。換句話說，惡魔的身體是由某種屬於惡的物質所構成，不過惡魔並無肉體，他們擁有的是類似火焰或是空氣的身體。

相關議論仍未就此止息。西元787年的第二次尼西亞公會議[*2]承認了天使與惡魔擁有以空氣與火為本質的極輕盈身體。可是西元1215年的第四次拉特蘭公會議[*3]又說天使和惡魔均是純粹的靈之受造物，跟肉體物質並無關係。

十三世紀的偉大學者大阿爾伯特[*4]跟托馬斯·阿奎那有同樣的想法。他們認為天使和惡魔純粹是種靈的實態，但這種靈的實態卻與神的聖靈不同。相對於神（純粹的靈，非偶然性的）與人類（既屬靈亦屬物質，偶然性的），天使與惡魔是介於此二者中間的存在，是屬靈而偶然性的受造物。

構成惡魔身體物質的變遷

教父聖查斯丁（二世紀）

神	天使	惡魔
純粹的靈	某種稀薄的物質	比天使粗糙的某種物質

埃忒耳＝稀薄的空氣

教父塔提安（二世紀）

神	天使	惡魔
純粹的靈	細微的靈	粗糙的物質性靈體

類似火焰或者空氣

第二次尼西亞公會議（787）

天使　惡魔

以空氣與火焰為本質的輕盈身體

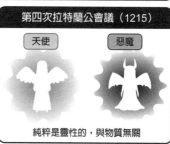

第四次拉特蘭公會議（1215）

天使　惡魔

純粹是靈性的，與物質無關

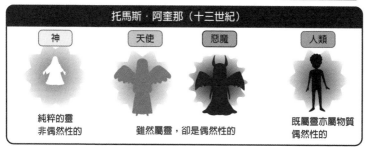

托馬斯・阿奎那（十三世紀）

神	天使	惡魔	人類
純粹的靈 非偶然性的	雖然屬靈，卻是偶然性的		既屬靈亦屬物質 偶然性的

有多少惡魔?

How many demons are there?

惡魔的總數究竟有多少？自古以來不知道有多少人追求這個具體的數字，不過真正的數字恐怕遠比所有人想像的都還要多。

●惡魔充塞於空氣之中

惡魔的數量多不勝數，這是個普遍承認的說法。

十三世紀的德國祭司認為惡魔存在於各個地方，彷彿濃密的大氣般圍繞著人類、絲毫沒有任何空隙。非但如此，惡魔還能夠住在人類的腸子裡面，幾乎可以說是無所不在。

《約翰的啟示錄》（12章第4節）寫到：「龍的尾巴拖拉著天上星辰的三分之一，摔在地上。」這段文字的意思就是說，撒旦將三分之一的天使都拉攏成為自己的部下，其數目是天上星星的三分之一，可見這已經是個數之不盡的數字了。

話雖如此，具體的數目字究竟是多少呢？

十六世紀的醫師約翰‧韋爾以其著作《惡魔的偽王國》[*1] 聞名，他認為路西法麾下共有1,111個軍團，而每個軍團均是由6,666個惡魔所組成，也就是說總共有6,666×1,111＝7,405,926個惡魔。不過，路德主義[*2] 卻認為惡魔根本不只這些，他們主張正確的數字應該是2兆6658億6674萬6664。

此外，自古以來便有畢達哥拉數×6，也就是1,234,321×6＝7,405,926這個計算方法，而這個數字恰巧與韋爾的數目不謀而合。除此以外，亦有以惡魔的數字666為基本，將666個各有6,666名惡魔的部隊組成一個中隊，再以66個中隊為一個師，6個師為一個軍團，結果惡魔總數就是6,666×666×66×6＝1,758,064,176。

其實早在二世紀前後便流傳每個人類的精神當中各有一名天使與惡魔的說法。這麼說來，惡魔少說也要跟現在全球人口一樣數目才對。

說法不一的惡魔總數

? 有多少惡魔？ ?

● 天上星辰的三分之一（《約翰的啓示錄》）

● 如濃密空氣般毫無空隙（十三世紀德國祭司）

惡魔群聚於空中、充塞整個空間，從天上丟根針下來必定會打到惡魔。

● 7,405,926名（十六世紀的醫師韋爾）

路西法麾下共有1,111個軍團，各由6,666名惡魔組成。

● 2兆6658億6674萬6664（十六世紀路德主義）

● 1,758,064,176名（以惡魔數字666為計算基準）

6,666×666×66×6＝1,758,064,176

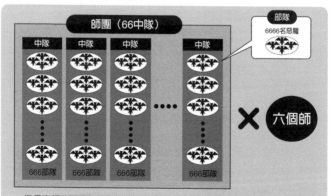

撒旦率領的軍團每個部隊有6666名惡魔，666個部隊為一中隊，66中隊為一個師，全體軍團共有六個師。

惡魔喜歡什麼？

Demons' favorite things

亟欲遠離惡魔的中世紀民眾會仔細定義惡魔的喜好，小心避免在生活當中觸犯這些禁忌。

●惡魔也有好惡

雖說惡魔存在於任何場所，卻也有其偏好的時刻和地方。

就方位來說，惡魔喜歡北方，因為北方是黑暗、寒冷與刑罰之地，中世紀的歐洲人認為地獄就落在這個方位。若是左右兩邊，則惡魔偏好左側。歐洲教會的祭壇為方便祈禱通常都建在朝著聖地耶路撒冷的東方，如果從西面的入口進入教會，則北方就會落在左手邊，因此基督教亦有惡魔會在教會牆外北側徘徊的說法。

就時刻而論，惡魔喜歡天色昏暗的時候，也就是半夜，不過他們也很喜歡正午和黃昏時分。另外，黎明雞啼的時候惡魔就得落荒而逃。

惡魔喜歡荒涼的場所，經常聚集於荒野，同時他們也很喜歡異教諸神或者民間傳說中妖精、精靈停留的地方，譬如異教的神殿、樹木、森林、山谷、泉水、水井、河川、洞穴、古老的廢墟等地。而惡德與罪人更是惡魔的最愛。據說惡魔會變成美男子以金錢引誘女性，騙得女性同意後立刻將其帶往地獄。

惡魔喜歡製作城牆、城塞等巨大建築物，因此巨石建物向來認為出自惡魔之手。其中他們尤其喜歡橋樑，經常替人類搭建，並以過橋生物的靈魂作為交換條件，所以歐洲各地才有許多「惡魔之橋」、「惡魔的堤防」之類的建築。

相反的，惡魔也有許多討厭的東西，包括主的祈禱、玫瑰經的祈禱、聖經的字句，還有十字架、聖水、耶穌之名、聖油、教會的鐘等神聖物事。除此之外，一般認為與惡魔有關的物品反而具有驅除惡魔的效果，所以火焰、鐵、青銅、鹽、洋蔥、大蒜，甚至豬都被認為能夠驅趕惡魔，燃燒香或薪柴的煙霧也是同樣的道理。另外對著惡魔發出「噓──」也是另一個有效方法。

惡魔的喜好

惡魔也有好惡！

顏色

① 黑 ② 紅 ③ 綠

惡魔經常會變成黑皮膚或黑色的動物，穿紅色衣服……

方位

北方、左側

喜歡
喜歡

場所

異教神殿、樹木、山谷、洞穴、泉水、古老廢墟、水井、森林、河川、巨石陣……

時刻

半夜、正午、黃昏

喜好的物事

惡德、罪人

惡魔會變成美女誘惑修道士，或者變成美男子誘惑年輕女孩

嗜好

· 紙牌遊戲等賭博

· 建造橋樑、峽谷、石造建築物等巨大建物

· 夜裡偷偷破壞人類白天製作的東西

嚇！

唉呀～

討厭的物事

玫瑰經祈禱、聖母馬利亞、十字架、聖水、聖體、聖事、耶穌之名、聖經的字句、聖油、教會的鐘、青銅、鐵、火焰、大蒜、洋蔥、豬、鹽、噓聲、吐口水……

惡魔的工作

Demons' works

在《新約聖經》時代，惡魔的工作只是要妨礙神國的實現，可是後來所有對人類不利的事情全都被歸咎惡魔所為。

●無論是多麼雞毛蒜皮的不幸皆屬惡魔所為

在惡魔剛開始趨於活躍，亦即所謂的《新約聖經》時代，他們的主要工作就是妨礙神的王國得到實現。當然，直到今日這仍然是惡魔最重要的工作，而為達此目的就得靠誘惑和附身。從撒旦變身成蛇誘惑亞當、夏娃不難得知，誘惑是惡魔最重要的武器。惡魔會以功名、財富、性慾、賭博、飲食、娛樂等世俗享樂誘惑人類，妨礙人類的信仰，此外還會透過附身折磨人類，矇蔽人類的信仰心。基督教相信當進入天國的靈魂達到一定數量以後，神就會使神國實現，因此妨礙信仰對惡魔來說是很重要的工作。

然而隨著時代推移，惡魔的工作也變得愈來愈多。約莫從三世紀開始，人們相信死後世界同樣具有天國與地獄存在。如此一來，惡魔非但要在地獄裡面受苦，同時還要變成地獄的統治者，擔任對亡者施以刑罰的工作。

十三世紀有位名叫里加繆斯的西多會*修道院院長，他將發生在自己身上不順遂的事情全部歸咎於惡魔。據說有次里加繆斯為堆建石牆蒐集石頭時，有惡魔在他身旁大叫：「這工作有夠無聊！」讓他失去耐性以致無法繼續工作。除此以外，比如說讓人生病、讓人突然爆出大笑、讓人在聖歌隊席間打鼾、咳嗽或打噴嚏、吞嚥口水時發出很大的聲響、讓人想要放屁等等，全都是惡魔所為。這些工作當然是由存在於空氣中的無數低級惡魔負責，當時的民眾相信惡魔就像感冒會互相傳染，並且十分積極地搬弄這些雞毛蒜皮的壞事。

---

* 西多會（Cistercian Order）：天主教隱修院修會之一。西元1098年由法國羅貝爾（Robert，1027～1111）創立於第戎（Dijon）附近的西多曠野，故名。

惡魔也有工作要做

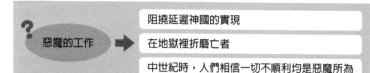

? 惡魔的工作 ➡ 阻撓延遲神國的實現

在地獄裡折磨亡者

中世紀時,人們相信一切不順利均是惡魔所為

低級惡魔的工作

讓人打盹

讓人打哈欠

讓人打鼾

讓人咳嗽

讓人覺得工作很無聊

讓人打噴嚏

讓人想要放屁

讓人突然爆出大笑

發出雜音使人分心

人們相信惡魔如同感冒般會傳染給別人,所有發生在人類身上的不順利,諸如咳嗽、噴嚏、打瞌睡等,全部都是惡魔作崇造成的結果

惡魔的重要武器

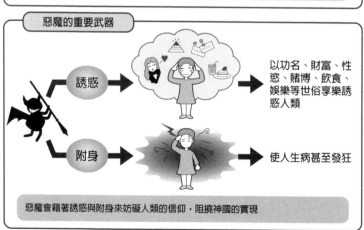

誘惑 ➡ 以功名、財富、性慾、賭博、飲食、娛樂等世俗享樂誘惑人類

附身 ➡ 使人生病甚至發狂

惡魔會藉著誘惑與附身來妨礙人類的信仰,阻撓神國的實現

惡魔也有家庭嗎？

Demons' family

在歐洲民間傳說裡面，魔王撒旦是莉莉絲的兒子，他有「罪」和「死」兩個孩子，而七宗罪則是他的孫子。

● 既有祖母也有孫子的魔王撒旦家庭

除了外典《以諾書》曾經提到墮天使與地上的女孩結婚、生下巨人子女外，聖經相關文獻鮮少提及惡魔的家庭。不過至少在民間傳說裡面，關於魔王撒旦＝路西法有詳細述及其家族構成的故事。

根據故事記載，撒旦有母親、也有祖母。其祖母起源自古代佛里幾亞的大地母神希比莉[*1]，是擁有超絕神力的可怕存在。他的母親則是莉莉絲，也就是其他傳說指為亞當首任妻子的女惡靈。魔王沒有祖父或父親，偉大的撒旦跟耶穌基督一樣是處女所生。

相傳撒旦有多名妻子和七個女兒（天使和惡魔本無性別之分，只不過通常會視為男性），而她們便是七宗罪。另有一說認為撒旦有「死」與「罪」兩名子女，兩個近親相姦生下了七宗罪。這七宗罪分別是傲慢、嫉妒、憤怒、怠惰、強慾、暴食、色慾。除此之外，將於終末時代出現的反基督也經常被指為是撒旦的兒子。

密爾頓的《失樂園》提到，當初路西法仍在天界的時候，他的頭從中裂開，生出一名叫作「罪」的女孩。由於這位女神實在太過美麗，路西法便侵犯了她。後來「罪」與路西法的軍團一同落入地獄，在那裡生下了「死」，生產時的痛苦使她的面貌變得極為醜陋，就跟希臘神話的斯庫拉[*2]一模一樣。至於「死」則是身體各部位混成一團、無從區別的恐怖模樣，並且手提殺戮之槍。後來「罪」與「死」在神的命令之下，成為地獄之門的看守者。

聖經記述的惡魔家族

父親 = 墮天使	×	母親 = 地上的女孩	=	子 = 拿非利人

聖經說天使與地上的女孩結婚，生下名為拿非利人的巨人種族

民間傳說所述撒旦的家族組成

祖母　　源自大地母神希比莉的恐怖存在

母親　　女惡靈莉莉絲（亦有傳說認為是撒旦之妻）

撒旦　　　　　多名妻子

罪　　　　　　反基督

從魔王頭顱出生的女孩

死　　魔王與罪近親相姦所生下的可怕怪物

七宗罪　　罪與死近親相姦所生

十六世紀木版畫當中象徵七宗罪的惡魔。Hofart＝傲慢、Zorn＝憤怒、Neid＝嫉妒、Traghalt＝怠惰、Fressern＝暴食、Unkeuschalt＝強慾、Begierde＝色慾。

愚蠢的惡魔

Stupid demons

中世紀歐洲民眾並不只是一昧的害怕惡魔，他們還知道透過取笑惡魔的蠢事，藉此減低對惡魔的恐懼感。

●減低對惡魔恐懼感的愚蠢惡魔故事

惡魔固然恐怖，可是也有許多民間傳說把惡魔形容成只要稍微動腦筋，就連小孩子也能戰勝的愚蠢樣貌。中世紀歐洲的民眾就是透過講述此類故事，藉以緩和對惡魔的恐懼感。

某則故事是這麼說的。曾經有個惡魔出現在農夫面前，說道：「這個世界有一半是我的，所以你的收成也要給我一半。」農夫反問惡魔說他要的是上半份還是下半份，惡魔回答：「上半份。」於是農夫就在田裡種蕪菁[*1]，讓惡魔只拿到了蕪菁的葉子；惡魔氣沖沖要求下次要拿「下半份」，這次農夫就種小麥和玉蜀黍，結果惡魔就只能拿到收割後的殘株。

此外也有描述小孩子要求惡魔用沙搓成繩子、計算聖經字數等讓惡魔傷透腦筋的故事。或是有名工匠答應在蠟燭燒盡的時候交出自己的靈魂，藉此要求惡魔幫忙蓋房子，但他在蠟燭燒盡之前便將燭火吹熄，毫不費力就得到了一間房子。還有名男子為了交換利益跟惡魔締結契約，說無論自己死後埋在教會內外都願將靈魂交給他，好不容易等到男子死了，眾人卻按照遺言將遺體埋在了教會的牆壁裡頭。

坎特伯里[*2]大主教鄧斯坦在擔任格拉斯頓伯里修道院長的時候有這麼一則故事：有次他在鍛冶場製作聖餐儀式用的杯子時遇上惡魔前來阻撓，可是鄧斯坦並不害怕，反而從火堆裡取出鐵鉗使勁夾住惡魔的鼻子，據說從此以後惡魔就再也不曾來搗亂了。

[*1] 蕪菁（Turnip）：與蘿蔔同屬十字花科，栽培以食用其肉質根部。
[*2] 坎特伯里（Canterbury）：位於英格蘭東南部。

民間傳說的起源

關於愚蠢惡魔的民間傳說

↓

只要動動腦，連小孩子也能戰勝惡魔

↓

具有緩和對惡魔恐懼感的效果

格拉斯頓伯里修道院長鄧斯坦用燒燙的鐵鉗夾住惡魔鼻子的場面。此為威廉・霍恩在《Everyday Book》（1826）裡的插畫。

讓惡魔傷透腦筋的約定和命令

只要像這樣動動腦，就能夠戰勝惡魔！

如果講好要交出收成的上半份，那就種植蕪菁、只給惡魔葉子

如果講好要交出收成的下半份，那就種小麥、只給惡魔殘株

跟惡魔講好蠟燭燒盡就交出靈魂，然後中途吹熄燭火

哎呀～

命令惡魔用沙搓成繩子

命令惡魔計算教會的聖經共有幾個字

聖安東尼所見惡魔

Demons in "Life of St. Anthony"

惡魔對基督教初期的教父而言是種神學的、概念性的存在，直到對抗惡魔的修道僧出現，惡魔才轉變成一種直接感官上的實際存在。

●修道士幻影塑造的惡魔形象

曾任亞歷山卓主教的聖大納西於西元360年前後所著的《聖安東尼傳》，內容描述孤獨修道僧對抗惡魔的戰爭，是部對中世紀歐洲惡魔形象擁有重大影響的作品。

從那個時代開始，基督教徒間追求修道生活的運動愈發蓬勃。所謂的修道生活係指在完全與世俗隔絕的地方，過著一昧觀想神的生活，雖然說修道院制度也是因此興起，不過初期的修道士大都是獨自一人進入荒野，從事耐力上的考驗。因為這個緣故，他們往往會受到誘惑性的幻覺與幻影所擾，並且認為這些現象全都是惡魔所為。修道士進入荒野其實意味著要對抗群魔，等同於參加基督與撒旦的宇宙大戰，後世所知的第一位修道士**聖安東尼**便是如此，《聖安東尼傳》生動地描寫他對抗惡魔的經過。

據其記載，惡魔當時曾千方百計地想要阻撓安東尼的修道生活。能夠變化成任何模樣的惡魔有時會變成天使、修道士甚至是主的模樣，以看似正確的說辭引誘安東尼步上歧途。例如變成全身漆黑的男子前來搏取他的同情，或是讓安東尼看見世俗的財富、喧囂與榮耀等幻覺，甚至還變成性感女郎誘惑他。惡魔也曾經利用恐懼進行攻擊。例如變成獅子、熊、豹、公牛、大蛇、埃及眼鏡蛇、蠍子、惡狼等動物發出低吼、狂吠，或者以牛角恫嚇。此外，惡魔還引發過地震，讓安東尼看見戰鬥的幻影，甚至曾經結黨成群出現鞭打折磨安東尼。

惡魔便是因為這些故事漸漸變成直接感官上的實際存在。

＊馬丁・施恩告爾（Martin Schongauer，約1445～1491）：德國十五世紀畫家、版畫家。其版畫作品體現出晚期哥德式風格，使雕版藝術臻於成熟。

聖安東尼傳說

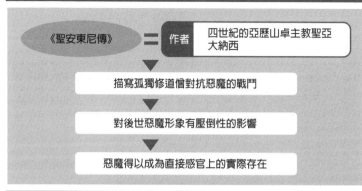

《聖安東尼傳》 = 作者 四世紀的亞歷山卓主教聖亞大納西

描寫孤獨修道僧對抗惡魔的戰鬥

對後世惡魔形象有壓倒性的影響

惡魔得以成為直接感官上的實際存在

折磨聖安東尼的惡魔

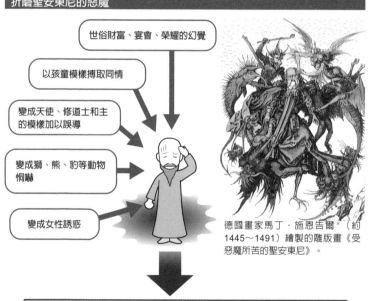

世俗財富、宴會、榮耀的幻覺

以孩童模樣搏取同情

變成天使、修道士和主的模樣加以誤導

變成獅、熊、豹等動物恫嚇

變成女性誘惑

德國畫家馬丁‧施恩告爾＊（約1445～1491）繪製的雕版畫《受惡魔所苦的聖安東尼》。

修道士進入荒野便等同於參加基督與撒旦的宇宙大戰

■用語解說

●聖安東尼→目前所知最早的修道僧（傳說為251～356）。出生於埃及，據傳聖安東尼約從二十歲便展開獨居修士生活，後來創立了第一座修道院。

唐得爾所見撒旦

Satan in "Vision of Tundale"

自十二世紀的傑作《唐得爾見聞錄》以後，於地獄最深處一邊受業火焚身，一邊折磨亡者的巨大撒旦形象便告定型、再無動搖。

●於地獄深處啖噬死者的巨大撒旦

西元1149年愛爾蘭僧人所著地獄遊歷故事《唐得爾見聞錄》是部替屢見於文學、美術創作領域的魔王路西法＝撒旦形象增添新頁的傑作。故事中，騎士唐得爾在以罪人身分遭受處刑、瀕臨死亡之際，守護天使忽然現身，領著他的靈魂遊歷地獄與天國。旅程中，唐得爾所見的地獄景象十分普通，可是惡魔模樣卻極具衝擊性。

他首先看到一個惡魔，那是隻比世上任何山峰都還要巨大的獸，他的雙眼有如熾熱火焰般發光，生著一張血盆大口，頭顱還有火焰竄出。另一個脖子瘦長的惡魔生著鐵嘴鐵爪、雙腳雙翼，坐在冰池裡大啖靈魂，那些靈魂被他吃下後立刻被排泄出來、恢復原狀並且復甦，然後再重複相同的循環。接著唐得爾終於見到了黑暗的君主。那是他所見過最巨大的獸，全身漆黑，同時擁有人類的身體和尾巴。他的數千隻手臂每隻都有一百**腕尺**長、十腕尺粗；手掌上各有二十根手指，每隻手指都有一百**掌尺**長、十掌尺寬。他的手指甲、腳趾甲比騎士長槍還長，嘴巴尖而厚實、尾巴長而銳利，上面還有能刺傷亡者靈魂的鐵釘。這隻獸被鐵鎖鍊和青銅鎖鍊所束縛，躺在下方燒著紅石炭的格網之上，旁邊還有大群惡魔在鼓動風箱助長火勢。當這隻獸吐氣的時候，亡者的靈魂就會被吐納進地獄，吸氣時靈魂又會被吸回來、掉進他嘴裡的硫磺中，接著獸再把靈魂嚼碎。那獸正是身處地獄最底層的路西法。

如此強烈的形象非但對但丁《神曲》等作品造成影響，同時也替後來的路西法形象建立了一個固定的模式。

唐得爾所見惡魔

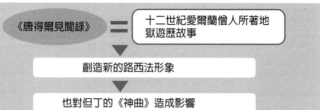

《唐得爾見聞錄》 ＝ 十二世紀愛爾蘭僧人所著地獄遊歷故事

創造新的路西法形象

也對但丁的《神曲》造成影響

惡魔 1

頭顱有火焰竄出

如火焰般發光的眼睛

血盆大口

比山峰還要巨大

惡魔 2

鐵嘴啄

雙翼

啖食靈魂

長脖子

雙腳

鐵爪

吃下肚的靈魂再排泄出來

魔王路西法

呼吸
將亡者靈魂呼出吸入

嘴

口腔
有硫磺燃燒

人類的身體

手臂
有數千隻手臂
長度 一百腕尺
粗細 十腕尺

趾甲
比騎士長槍還要長

手指
有二十隻手指
長度 一百掌尺
寬度 十掌尺

尾巴

路西法被綁在地獄底部有石炭燃燒的格網上，受烈火煎熬

■用語解說

●一腕尺→約45公分。

●一掌尺→約7.5公分。

111

《神曲》的惡魔

Satan and Demons in "The Divine Comedy"

在中世紀最偉大的詩人但丁筆下，撒旦雖然受囚於地獄的最底層，
卻仍然以地獄皇帝的身分在地獄裡大肆散發負面能量。

●位於距離神最遙遠處宇宙中心的撒旦

中世紀最偉大詩人但丁（1265～1321）所著《神曲》乃是在惡魔的演進史當中最重要的一部文學作品。這部作品建構了以神和撒旦處於兩個對立點的宇宙，而地球位於這個宇宙的中心，周圍共有十層天，第十天之外則是神的寶座，撒旦正是在距離神的寶座最遙遠之處，也就是宇宙的中心地球。地球上有個漏斗狀的深谷，最深處甚至可以抵達地球核心，撒旦就在那裡。根據但丁的說法，撒旦原本叫作路西法，是天界最美麗的天使，後來因傲慢遭逐出天界，變成了醜陋的惡魔。當撒旦向下墜落的時候，地球因為不願碰觸到撒旦的身體扭轉，迸出一道裂縫，而高速墜落的撒旦就這麼墜落裂縫最深處、插進土中。這個深谷同時也是地獄，從上而下總共有九層呈同心圓形狀的地獄谷，愈往下的地獄愈是嚴苛。其中最深處是處置罪大惡極罪人的背叛地獄，背叛地獄中間有個名為猶大界的寒冰世界，撒旦的下半身就被埋在那裡，只剩下毛茸茸、恐怖而巨大的上半身露出地面。撒旦有六張蝙蝠般的翅膀，揮舞起來能使周圍結冰，此外還有三顆頭顱、三張紅臉，每個頭的嘴巴各自叼著一個罪人，他們分別是背叛基督的加略人猶大、背叛凱撒的布魯圖[*1]以及加西阿斯[*2]。

《神曲》的地獄裡當然也有其他惡魔，他們大多跟第七層的鳥身女妖[*3]一樣是以希臘神話的怪物為根據。不過第八層罪惡之囊（Malebolge）的十二名馬納勃郎西甚是獨特，相傳他們長相猙獰、肩膀尖銳，長著兩根牙齒、銳利的爪子及翅膀。

但丁描繪的惡魔

《神曲》

→ 中世紀最偉大詩人但丁 · 阿利吉耶里的作品

→ 惡魔史當中最重要的文學作品之一

位於地球中心的《神曲》撒旦

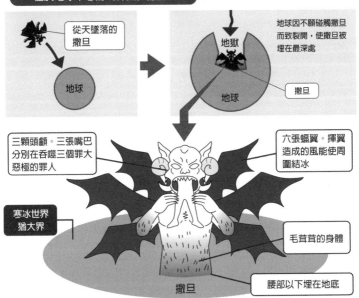

從天墜落的撒旦

地球

地球因不願碰觸撒旦而致裂開,使撒旦被埋在最深處

地獄

撒旦

地球

三顆頭顱。三張嘴巴分別在吞噬三個罪大惡極的罪人

六張蝠翼。揮翼造成的風能使周圍結冰

寒冰世界 猶大界

毛茸茸的身體

腰部以下埋在地底

撒旦

地獄第八層的馬納勃郎西

猙獰的長相

尖突的肩膀

兩根牙齒

銳利的爪子

翅膀

馬納勃郎西的特徵

《神曲》提及的十二名馬納勃郎西	
首領馬納果達	巴巴利卻
司加密林	亞利幾諾
加卡比那	加惹索
利比谷谷	達其惹索
西里阿多	格拉非岡
發發累羅	路比岡德

彼列的審判

The lawsuit of Belial

隨著基督教的審判制度愈發普及，就連惡魔也要透過審判來保護自我的權利。

●就連惡魔界亦被滲透的教會審判制度

歐洲於中世紀時期發展出教會法並且廣泛適用，十二世紀的時候甚至出現惡魔訴請審判的故事。當中最有名的作品是傳為西元1382年泰拉莫的雅各所作之《彼列的審判》。

新約聖經外典《尼哥底母福音》（成立於三世紀前後）等文獻記載的基督教傳說當中有這麼一則故事。耶穌在各各他*山丘遭處十字架刑的三天後復活，相傳耶穌這三天其實是下到地獄、解放囚禁在那裡的所有罪人，將他們送往了天國，讓地獄變得空蕩一片。《彼列的審判》便是掌管地獄的撒旦為此訴請審判的故事。

撒旦指派彼列擔任代表惡魔利益的代理人、將他送出地獄，因為彼列向來以了解法律問題聞名。

彼列帶著訴狀來到上帝面前，要求調查耶穌的犯行。訴狀的內容寫道：「名叫耶穌的人物非法侵犯地獄的權利，奪取地獄、大海、大地以及居住於大地所有居民的支配權。」上帝看過訴狀以後選定所羅門王擔任審判官，被告耶穌則要求由摩西擔任辯護人。

為使審判趨於有利，彼列甚至還在所羅門王面前跳舞，孰料結果並不理想。於是彼列聲請調停，以埃及法老王的代理人約瑟夫、羅馬皇帝屋大維、先知耶利米、先知以賽亞、亞里斯多德這五個人為委員，共同研議此案。結果耶穌還是被判無罪，不過撒旦也因而獲得了在最後審判那天，將落入地獄的罪人全數歸為己有的權利。

---

* 各各他（Golgotha）：耶穌遭處刑的場所，據傳此地名乃源自於阿拉米語的「Gûlgaltâ」，即「髑髏地」的意思。

彼列所主張耶穌的犯罪

彼列的審判 ➡ 惡魔興訟故事的代表作品

西元1382年泰拉莫的雅各所著

彼列

《彼列的審判》（十五世紀版）的木版插繪。彼列在地獄的入口（利維坦的嘴巴）與同伴討論事情。

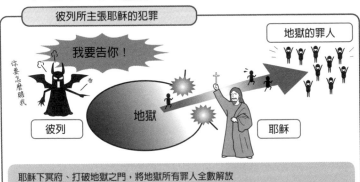

彼列所主張耶穌的犯罪

地獄的罪人

我要告你！

你要怎麼賠我

地獄

彼列

耶穌

耶穌下冥府、打破地獄之門，將地獄所有罪人全數解放

五位調停委員的判決

無罪

耶穌

莫大的權利

OK 結果

撒旦

耶穌獲判無罪

惡魔得到支配最後審判當天落入地獄罪人的權利

何謂惡魔的三位一體？

Satan's Trinity

但丁《神曲》所述共有三顆頭顱的路西法，或者是《約翰的啟示錄》裡面提到的撒旦、反基督與偽先知，被奉為是惡魔的三位一體。

●與聖三位一體相對應的惡魔三位一體

　　基督教相信「聖父」、「聖子耶穌」、「聖靈」雖是三個存在，卻又是同一個實體，這個思想叫作三位一體，也就是所謂的聖三位一體。而與其對應的是，很久以前人們就相信惡魔也有所謂的三位一體。

　　其實三位一體這個概念本身非常古老，好比希臘神話著名的地獄之犬舍惹狘如斯[*1]有三個頭顱，同樣也可以解釋成地獄的三位一體。

　　那麼基督教所謂惡魔的三位一體又是如何呢？但丁《神曲》描述的魔王路西法便是最著名的例子。路西法被埋在地獄最深處的寒冰世界猶大界，胸口以下的下半身沒入地面，三個頭顱上的三張嘴巴分別啃噬著「背叛耶穌的猶大」、「暗殺凱撒的布魯圖」和「加西阿斯」三個罪大惡極的罪人。義大利雕刻家本韋努托‧切利尼[*2]（1500～1571）認為這三顆頭對應於分別代表權力、睿智、愛的聖三位一體，乃是所謂的魔王三位一體，各自象徵無力、無知、憎恨。

　　《約翰的啟示錄》所提到的惡魔三位一體也很有名。13章有段故事講到末日在來臨前的大苦難時代，將有三頭怪物出現肆虐人間；這三頭怪物分別是「從海中上來的十角七頭的獸」、「龍」以及「從地中上來有兩角的獸」。據說這裡的「從海中上來的獸」是反基督、「龍」是撒旦，而「從地中上來的獸」則是偽先知的象徵，而此三者便被認為是《啟示錄》當中的惡魔三位一體。

何謂三位一體

聖三位一體

希臘神話地獄之犬舍狼如斯的三顆頭顱也被解釋成是地獄三位一體的象徵。

```
        神
   耶穌      聖靈
```

↓

惡魔也有三位一體

有名的惡魔三位一體

《神曲》中撒旦的三位一體

```
       無力
   無知      憎恨
```

但丁《神曲》（1321）十六世紀插畫描繪的撒旦。據說這三顆頭顱便是魔王的三位一體，代表無力、無知、憎恨

《啓示錄》中惡的三位一體

```
       撒旦
  反基督      偽先知
```

《啓示錄》中世抄本的插繪。龍（撒旦）、獸（反基督）、偽先知自古便被認為是惡魔的三位一體

117

惡魔與四大元素有關係嗎？

Demons and four elements

拜占庭的哲學家普塞洛斯認為惡魔是依階級來區分應該居住在火、風、水、土四大元素的世界、地下世界抑或是夜的世界。

●惡魔群聚於陸海空任何地方

歐洲自古便相信這個世界的物質是由火、風（空氣）、土、水這四大元素所構成，自然會有將惡魔按照與四大元素關係進行分類的哲學家與神學家。

五世紀的羅馬哲學家普羅庫盧斯將惡魔分成五種，其中四種是分別與火、風、土、火四大元素相關的惡魔，而住在地底的惡魔則被他歸類爲第五個集團。

十一世紀的拜占庭哲學家**米迦勒・普塞洛斯**則是比普羅庫盧斯多加一種，將惡魔分類成以下六種。

第一種是在末日審判來臨前都住在天空之上，與人類沒有交集、階級最高的火之惡魔「雷利烏利亞」。第二種是住在人類周圍空中的風之惡魔「阿耶利亞」；他們不但能夠下到地獄、引起暴風雨，甚至還能用空氣構成肉體出現在人類面前。第三種是地之惡魔「克特尼亞」，他們就是基督教傳說中那群從天界被拋落地面的惡魔，亦即所謂的墮天使，相傳住在附近的山野中。第四種是棲息於河川湖泊等地的水之惡魔「休德拉以亞」或「耶那利亞」；這些惡魔能在海上掀起暴風、陷人於溺，喜怒哀樂的情緒也較爲強烈，通常大多是女性。第五種是住在山洞等場所的地下惡魔「休波克特尼亞」；這種惡魔非常卑劣，會發動地震作弄礦工等在地底工作的人。第六種是不見白晝、唯有夜間方能獲得肉體出來活動，同時也是最低等、憎恨太陽的惡魔「密瑟巴耶斯」，他們憑著呼出的氣息便能致人於死。不過以上的分類由於基督教色彩太過薄弱，終究未能受到民眾接納信仰。

惡魔的要素

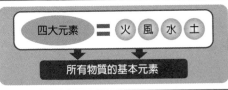

四大元素 ＝ 火 風 水 土

所有物質的基本元素

惡魔也是由
四大元素
構成的嗎?!

普塞洛斯分類的六種惡魔

天球 ○

天界

火之惡魔 「雷利烏利亞」
階級最高的閃耀榮光惡魔

月亮 ☾

空中

風之惡魔 「阿耶利亞」
可自由往來於空中與地獄之間

地上

地之惡魔 「克特尼亞」
從天界被貶落的墮天使

地球 ●

海・水

水之惡魔 「休德拉以亞」或「耶那利亞」
幾乎都是女性，會製造船難事故

地下

地下惡魔 「休波克特尼亞」
非常卑劣，喜歡作弄礦工

夜的世界

憎恨太陽的惡魔 「瑟巴耶斯」
唯有在夜裡方能活動，是邪惡而無法理解的惡魔

普塞洛斯認為最高級的惡魔只需待在天界便能直接操縱人類的感覺、間接影響人類的理智，藉此誘人為惡。可是低階惡魔的心性卻類似粗野的動物，會透過附身使人類做出動物般的舉動，有些惡魔還會說人類的語言。最低級的惡魔既無理智亦無意志，被附身者的眼、口、耳將會失去作用。

■用語解說

●米迦勒・普塞洛斯→拜占庭帝國頗具權威的顧問官（1018～1078），君士坦丁堡大學的哲學教授。

惡魔的位階

Demon hierarchy

根據驅魔師米夏埃利斯神父的說法，惡魔的階級可對應於天使階級，大致可分為三個階級，細分則共有九個階級。

●經惡魔巴魯貝力特證實的惡魔位階

　　《新約聖經‧以弗所書》（1章20～21節）有這麼段文字：「就是照神在基督身上所運行的大能大力，使他從死裡復活，叫他在天上坐在自己的右邊，遠超過一切執政的、掌權的、有能的、主治的，和一切有名的；不但是今世的，連來世的也都超過了。」可以想像天界裡同樣也有階級之分。五世紀時，偽丹尼斯（請參照P.080）彙整天使的位階，將天使分為三大階級，而這個分類後來也受到基督教的天使學採納，造成莫大影響。無論如何，天使都是有位階之分的。

　　惡魔又是如何呢？惡魔是墮天使，在天使時代應該有各自的位階，在他們墮落後轉變成惡魔位階的可能性也很高。既然如此，只需知道天使時代的位階，自然就能得知其惡魔位階，問題在於該如何得知。此時有個人物偶然得到了這個機會，那人便是著名的驅魔師**賽巴斯丁‧米夏埃利斯**神父。

　　十六、十七世紀的歐洲流行惡魔附身，驅魔相當頻繁（請參照P.184）。西元1610年，法國普羅旺斯區艾克斯的女子修道院發生了惡魔附身事件，修女馬德萊娜同時遭到多名惡魔的附身，於是米夏埃利斯神父前來替她驅魔。當時神父從附身於馬德萊娜的惡魔巴魯貝力特口中問出同樣附於該女身上的其他惡魔名字、特徵，以及他們各自敵對的聖人。後來神父將此內容收錄於《值得驚嘆的故事》一書，記載與天使三階級相對應的惡魔三階級讓此書聞名於世。

位階的前提

惡魔的位階 ＝ 從前天使時代的位階

●偽丹尼斯主張的天使位階

第一級	熾天使	第二級	主天使	第三級	力天使
	智天使		權天使		大天使
	座天使		能天使		天使

注）天使位階愈高與神愈類似。

●《值得驚嘆的故事》所載重要惡魔的位階

	名字	天使時代的位階	誘人犯的罪	敵對的聖人
第一級	別西卜	熾天使的君主	驕慢	聖方濟*1
	利維坦	熾天使的君主	不信仰	聖保羅*2
	阿斯摩丟斯	熾天使的君主	貪慾、不貞	施洗者聖約翰*3
	巴魯貝力特	智天使的君主	殺人、冒瀆	聖巴拿巴*4
	亞斯她錄	座天使的君主	怠惰	聖巴多羅買*5
	威里內	座天使的第二位	暴躁	聖多米尼克*6
	古雷希爾	座天使的第三位	不淨、不潔	聖貝爾納*7
	索內伊隆	座天使的第四位	憎恨敵對者	聖史蒂芬*8
第二級	卡列亞	能天使的君主	頑固	聖文森
	卡爾尼威	能天使的君主	猥褻、厚顏無恥	傳福音的聖約翰*9
	歐耶雷特	主天使的君主	奢侈浪費	聖馬丁*10
	羅斯特洛	主天使的第二位	戀情	聖大巴西勒*11
	威里爾	權天使的君主	不順從、肩膀僵硬	聖貝爾納
第三級	貝里亞斯	力天使的君主	傲慢、虛榮、不貞	聖方濟
	歐里維耶	大天使的君主	殘酷、無慈悲	聖羅倫斯
	洛華路	天使的君主	（無記載）	（無記載）

注）別西卜是僅次於路西法的惡魔。這裡之所以沒有路西法的名字，是因為他並未附身於修女馬德萊娜身上。另外，了解每個惡魔的敵對聖人之名非但能獲得更佳的驅魔效果，事先向相對應的聖人祈禱還能增加召喚惡魔的安全性。

■用語解說

●賽巴斯丁‧米夏埃利斯→以驅魔師身分活躍於十七世紀的法蘭德斯*12宗教家，曾於西元1612年發表《值得驚嘆的故事》。

《惡魔的偽王國》

Pseudomonarchia Daemonum

正如同人類世界的王國不斷地擴張、複雜化，地獄的惡魔王國同樣也愈發巨大，職務結構亦愈趨複雜。

●傳為〈哥耶提雅〉原型的惡魔名簿

進入十六世紀以後，開始出現詳盡說明惡魔王國組織的作品，像是出生於荷蘭南部的醫師約翰・韋爾（1515～1588）為主要作品《論惡魔所致幻象誘惑》（1577）所撰寫的附錄《惡魔的偽王國》，裡面詳細記載了各擁軍團的惡魔界巨頭名簿、職役、特徵等。除名簿以外，該文對召喚各個惡魔的合適時間、儀式也有說明。由於內容與《所羅門王的小鑰匙》第一章〈哥耶提雅〉對所羅門王72惡魔的記述極為類似，故這部作品曾經被傳為是〈哥耶提雅〉的原型。

以巴耶力為例：巴耶力是地獄首屈一指的王，領地在東方，在咒文召喚下會以長著蟾蜍頭、人頭、貓頭三顆頭顱的模樣現身。他用馬的聲音說話，能夠讓人隱身，麾下有66個軍團的惡魔聽其號令。

再以布耶爾為例：布耶爾是偉大的長官，身體呈星形、看起來就像是五芒星。他是倫理學、自然學、論理學的巨擘，對藥草亦頗關心熱衷。他會派遣與人類親近的僕從治療各種疾病，讓他們深入瞭解人類。麾下有50個軍團的惡魔。

當然，這部作品與〈哥耶提雅〉也不盡相同。〈哥耶提雅〉記載的惡魔有72個，而《惡魔的偽王國》則說是69個，而且配屬排列不同；〈哥耶提雅〉提及每個惡魔的徽紋，《惡魔的偽王國》卻沒有。此外，作者韋爾是位非常優秀的醫師，他看出所謂的附身其實是精神錯亂的現象，是最早對當時獵女巫行徑提出批判的先驅。

---

* 希多奈（Sydonai）：阿斯瑪代的別名。

《惡魔的僞王國》記載的69個主要惡魔及其職役

《惡魔的僞王國》
約翰・韋爾著 詳細介紹惡魔王國的組織

	名字	職役
1	巴耶力	東方的王
2	阿加雷斯	東方的公爵
3	瑪巴斯	長官
4	普弗喇斯	王子、公爵
5	亞蒙	侯爵
6	巴巴妥司	伯爵、公爵
7	布耶爾	長官
8	哥所因	公爵
9	波提斯	長官
10	巴提姆	公爵
11	普爾桑	王
12	埃力格	公爵
13	羅銳	侯爵
14	華利弗	公爵
15	摩拉克斯	伯爵、長官
16	因悖思	伯爵、王子
17	納貝流士	侯爵
18	格剌希亞拉波斯	長官
19	桀派	公爵
20	比雷特	王
21	西迪	王子
22	派蒙	王
23	彼列	王
24	布涅	公爵
25	佛鈕司	侯爵
26	羅奈威	侯爵、伯爵
27	比利土	公爵
28	亞斯她錄	公爵
29	佛拉斯	長官
30	弗爾弗爾	伯爵
31	馬可西亞斯	侯爵
32	瑪法斯	長官
33	威沛	公爵
34	斯伯納克	侯爵
35	希多奈*	王

	名字	職役
36	慨布	長官、王子
37	恰克斯	侯爵
38	普喀爾	公爵
39	弗爾卡斯	騎士
40	姆爾姆爾	公爵、伯爵
41	蓋因	長官
42	勞姆	伯爵
43	哈法斯	伯爵
44	佛爾卡洛	公爵
45	拜恩	王、伯爵
46	比夫龍	（無記載）
47	加米基	侯爵
48	撒共姆	王、長官
49	歐里亞斯	侯爵
50	沃劣克	長官
51	格莫瑞	公爵
52	單卡拉比	（無記載）
53	安度西亞斯	公爵
54	安托士	侯爵
55	安德雷斐斯	侯爵
56	歐茲	長官
57	艾姆	公爵
58	歐若博司	王子
59	瓦布拉	公爵
60	錫蒙力	侯爵
61	亞米	長官
62	佛勞洛斯	公爵
63	巴拉姆	王
64	安力瑟	公爵
65	塞列歐斯	伯爵
66	化勒	公爵
67	海艮地	長官
68	菲尼克斯	侯爵
69	斯托剌	王子

《失樂園》的惡魔軍團

Demons in "Paradise Lost"

在英國詩人約翰・密爾頓的敘事詩《失樂園》裡面，除聖經所述異教諸神以外，連埃及諸神等神祇也都是墮天使的同伴。

●以撒旦為中心講述亞當、夏娃的故事

《失樂園》（1667）是英國詩人約翰・密爾頓（1608～1674年）創作的敘事詩，內容描述遭逐出天界、落入地獄的撒旦（路西法）為向神報仇而誘惑伊甸園裡的亞當與夏娃使其墮落。密爾頓雖然並非惡魔學者，不過《失樂園》中講述的故事卻是後世惡魔學一個很重要的基準。

根據《失樂園》的故事內容，這個世界本來並沒有以地球為中心的物質宇宙，儘管萬物都是神的造物，當時卻只有天國和天使，此外盡是混沌。後來神創造聖子（耶穌），並宣稱要讓耶穌擔任天使的首領；撒旦為此感到憤怒便拉攏了三分之一的天使一同反對神。在天使時代，撒旦的階級不甚明確，但即便不是最高位天使也應該是相當高的階級。據說撒旦在集結起來的反叛軍面前演說的時候，憤怒的情緒讓他的頭顱裂開，生出一個名叫「罪」的女孩，接著又和「罪」生下了一個名叫「死」的兒子。

此後爆發的天界戰爭相當激烈，雙方甚至將天界的群山連根拔起、互相丟擲。到了天界時間的第三天，神派遣出聖子一決勝負，而眾反叛天使在無數雷霆攻擊的逼迫下，終於從天界邊境水晶城牆的裂縫墜落，掉進萬丈深淵底下的地獄。《失樂園》的故事便是從這個場景展開。無數墮天使倒伏於充滿黑暗與火焰的地獄之中，撒旦率先站起身來集結眾惡魔，隨後擬定了一個計畫。原來神創造了新的物質宇宙，還讓亞當、夏娃住在該宇宙的伊甸園裡，而撒旦的計畫就是要前去探索那是什麼樣的地方。也是因為這個緣故，亞當、夏娃最後才受到撒旦的誘惑、終致墮落。

《失樂園》提及名字的主要惡魔

《失樂園》
約翰·密爾頓著 → 撒旦誘使亞當、夏娃墮落的故事

提及許多惡魔

名稱	由來
撒旦	天使時代名叫路西法，墮落後就成了撒旦。路西法這個名字在《失樂園》裡面只出現過三次。
別西卜	地位僅次於撒旦的副首領。古代以革倫的神。
摩洛克	古代亞捫人的神摩洛。
基抹	古代摩押人的神基抹。
巴力	古代腓尼基的男性豐饒神。
亞斯她錄	古代腓尼基的女性豐饒神。
塔模斯	象徵植物的死亡與再生的腓尼基神祇。
大袞	古代腓尼基的農業神。半人半魚的海洋怪物。
臨門	古代敘利亞人的風雨之神。
奧賽利斯	古代埃及的冥界神。
伊西斯	古代埃及的女神。奧賽利斯的胞妹、妻子。
霍露斯	古代埃及的神明。奧賽利斯之子。
彼列	墮天使。墮落天使當中最淫亂、最蠻橫的一個。
泰坦神族	古希臘的古老諸神。
阿撒瀉勒	墮天使。相傳他原本是智天使。
瑪門	將財富（古希臘語作「瑪門」）擬人化的惡魔。《馬太福音》6章7節有段「你們不能又事奉神，又事奉財利（瑪門）」的文字，因而被視為惡魔。《所羅門王的小鑰匙》則是以亞邁蒙之名提及此惡魔。
瑪爾西巴	希臘神話的鍛冶之神赫菲斯特斯[1]。在地獄裡蓋了萬魔殿。
亞得米勒	《列王紀下》中西法瓦音人的神，相傳原是座天使。
阿斯摩丟斯	墮天使阿斯摩丟斯，相傳原是座天使。
亞利	名為「神的獅子」的墮天使。天使學認為他也是掌管水元素的七天使之一，在這裡卻成了惡魔。
亞利歐克	名為「有如獅子者」的墮天使。中世紀喀巴拉主義者認為他是復仇的惡靈。
拉米耶爾	名為「神的雷霆」的墮天使。《西卜林神諭集》[2]指其為將人類靈魂帶領至神前審判法庭的五名天使之一。
尼斯洛	古代亞述的神明。相傳原是權天使的首領。

惡魔的數字 666

Satan's Number "666"

「666」向來被認爲是「獸的數字」、「惡魔的數字」，但利用喀巴拉的祕術數值換算法，就會發現這個數字指的其實是羅馬皇帝尼祿。

●50+200+6+50+100+60+200＝666的祕密

　　「666」這個數字往往被認爲是《約翰的啓示錄》當中所述「啓示錄之獸」的名字。在基督教傳說當中，這隻獸一直都被解釋成反基督的另外一個模樣，所以「666」才會被指爲「獸的數字」、「惡魔的數字」，具有不祥意義。

　　可是這「666」究竟是什麼？它又象徵著什麼呢？

　　在眾多說法中，以「666」指的是一世紀羅馬皇帝尼祿[*1]之說爲最著名。因爲皇帝尼祿的希伯來語寫作nrvnqsr，如果用喀巴拉的數字祕術數值換算法計算，就會得到666的數值。

　　從歷史角度來看，尼祿是羅馬帝國發起第一宗基督教徒迫害事件的皇帝，可謂非常符合反基督的形象。尼祿雖於西元68年自殺，卻有傳言指出尼祿其實並沒有死，而是逃到安息[*2]重新集結兵力準備日後打倒敵人、再建羅馬。到了西元100年前後，尼祿已經被描述成了救世主彌賽亞的啓示性敵對者——反基督。甚至亞美尼亞語[*3]中的反基督「nerhu」就是取自希臘語的「Neron」（尼祿）。

　　即便到了現代，666這個數字對終末論者來說仍然非常受用，譬如八〇年代美國預言家瑪麗・史都華・瑞夫就有以下主張：她說末日將近，666這個數字已經深入信用卡和電腦條碼等系統。在「666系統」下，不久後反基督就會現身，在追隨者額頭刻下666的印記，並且發行特殊的信用卡，所以眞正的基督教徒不可以使用信用卡等物事。

[*1] 尼祿（Nero，37〜68）：羅馬第五任皇帝，驕奢淫蕩，據說曾焚燒羅馬、迫害基督教徒，但無確切證據。

[*2] 安息（Parthia）：古代地區，大致等於今伊朗呼羅珊地區。

[*3] 亞美尼亞語（Armenian language）：印歐諸語言西部語群的一個獨立分支，是土耳其和亞美尼亞共和國及前蘇聯各地的亞美尼亞人的本族語言。

「666」為何是羅馬皇帝尼祿的象徵？

所謂666 ➡ 相傳為《約翰的啓示錄》中那頭「獸」名字的數字

獸的數字、惡魔的數字、不祥的數字

象徵羅馬帝國皇帝尼祿？

尼祿皇帝

喀巴拉的數字祕術數值換算法是將每個字母各自搭配一個數值，根據這些數值來計算「尼祿皇帝」此字則為n＝50、r＝200、v＝6、n＝50、q＝100、s＝60、r＝200，如此便可以得到50＋200＋6＋50＋100＋60＋200＝666的答案。

文字	名稱	等價文字	數值	文字	名稱	等價文字	數值
א	Aleph	A	1	ל	Lamed	L	30
ב	Beth	B	2	מ（ם）	Mem	M	40（600）
ג	Gimel	G	3	נ（ן）	Nun	N	50（700）
ד	Daleth	D	4	ס	Samekh	S	60
ה	Heh	H	5	ע	Ayin	O	70
ו	Vav	V	6	פ（ף）	Peh	P	80（800）
ז	Zain	Z	7	צ（ץ）	Tzaddi	Tz	90（900）
ח	Cheth	Ch	8	ק	Qoph	Q	100
ט	Teth	T	9	ר	Resh	R	200
י	Yod	I	10	ש	Shin	Sh	300
כ（ך）	Kaph	K	20（500）	ת	Tav	Th	400

（註）（）內為字母位於單字語尾時的數值。

■用語解說

●nrvnqsr→希伯來文原本應該是從右向左書寫，此處因為是拉丁字母故仍然從左向右排列。

十三號星期五為什麼不吉利？

Why is Friday the 13th unlucky?

「十三」不吉利的迷信和「星期五」不吉利的迷信，兩個加起來就讓「十三號星期五」變成了最不好的日子。

●不吉數字結合不吉日子形成的迷信

所有迷信當中，十三號星期五可謂十分有名，甚至還有人說那天是惡魔之日。此迷信應是結合數字十三以及星期五的相關不吉利傳說所形成。

十三這個數字之所以不吉利，據說與參加最後晚餐的人數有關。耶穌在遭到逮捕、處刑之前曾經召集弟子一起用餐，便是所謂最後的晚餐。參加者的十二名弟子加上耶穌共有十三人，而第十三個座位上坐的恰恰就是背叛耶穌的猶大，所以才有十三為不吉利數字的說法。除此以外，還有人認為十三本來就不吉利。如同一年共有十二個月，十二是個完美的數字，但十三則是個不穩定、讓人討厭的數字。無論如何，數字十三為不吉利的迷信至今仍然存在，西洋的建築物就往往會直接跳過十三樓。

星期五不吉利的迷信亦屢見於歐洲民間傳說，同樣也跟耶穌有關。耶穌是在星期五遭到處刑，而基督教會也將這天定為「惡魔信仰日」，所以才會有星期五不宜生產、結婚、剪指甲、探病、出航等的迷信。

除此以外，星期五（Friday）是源自北歐結婚女神福麗嘉（Frigg）的日子，福麗嘉在德國被視同於多產女神菲依雅，傳說菲依雅會在瓦普吉斯之夜（魔宴的一種）召集惡魔到山裡跳舞，所以被基督教徒視為女巫。從這點來說，星期五可以說是女巫之日，跟惡魔有關。這便是為何十三號星期五會被視為惡魔之日。

---

*1 塞茲（Seithr）：藉靈附身而行的預言技術。使用塞茲魔法者會將神靈召喚至自己體內，利用其知識進行預言。

*2 奧丁（Odin）：北歐神話的主神，也是阿薩神族之王。

十三號星期五為什麼不吉利？

十三號星期五

↑

兩個不吉利迷信的結合

「十三」的不吉利	「星期五」的不吉利

耶穌最後晚餐的參加者
共十三人

不像完美的十二，是不
穩定的數字

耶穌於星期五
受刑

星期五是源自女巫福麗
嘉（菲依雅）的日子

❖ 女巫菲依雅

　　基督教徒視為女巫的菲依雅是北歐神話中掌管愛情、生產、多產、豐饒的女神，她固然是偉大的大地母神，跟魔法卻有著深厚的關係。北歐存在阿薩神族與華納神族兩個神族，菲依雅屬於擅長某種名叫塞茲[*1]魔法的華納神族，法力強大，傳說她還曾經將塞茲魔法傳授給阿薩神族。另外，古代北歐在從事占卜或治療等魔法相關事務時會使用魯納文字，亦有傳說指出這種文字便是由菲依雅發明的，後來才將其傳授給主神奧丁[*2]。換句話說，即便在北歐神話中菲依雅也是位相當恐怖的女巫，是魔法的掌管者。北歐古詩《洛奇的爭論》就曾寫到：「給我噤聲，菲依雅啊，妳是個充滿惡意、以魔法害人的女性。」中世紀歐洲的女巫最喜歡的動物就是貓，而且一般以貓為魔寵，這習俗很可能也是起源於菲依雅。相傳菲依雅會隨身帶著貓，或者坐著貓拉的馬車騰空飛翔。

死後審判與惡魔

Demons and Judgment after death

惡魔會仔細記錄各自負責的人類生前惡行，只待那人瀕臨死亡便會將他的靈魂帶往地獄。

●死後審判之際告發死者惡行的惡魔

基督教初期認為世界末日已近，屆時包括過往死者在內的全人類必須在神的面前接受最後審判，然後發配到永恆的天國或地獄。可是由於世界末日遲遲沒有來臨，遂有以下疑問產生：靈魂在人類死亡後、最後審判前會在何處？做些什麼？於是自三、四世紀開始，人死後將各自接受死後審判的觀念愈趨流行。

而惡魔與天使扮演的角色就更加重要。

一直以來人類都認為各民族、地方和每個人都有一名天使和惡魔掌控支配。換句話說，人還活著的時候就必須在接受天使挹注及惡魔的誘惑，然而一旦斷氣，惡魔立刻就會變成死後審判的告發者。

《**英格蘭人教會史**》曾有這麼一段逸聞。英格蘭**麥西亞王國**軍隊指揮官因生活放縱重病，在他臥床時有兩名天使出現、坐在他的床邊，取出一本裝訂得很華麗的書給他看。那本是記錄他善行的簿子，可是卻薄得可憐。接著醜陋的惡魔成群來到，並出示一本髒兮兮的冊子，詳細記載了他生前的惡言惡行與汙穢思想，並且看似厚重。這時候撒旦對天使說：「你們在做什麼啊？光看也知道這個男的歸我們啊！」然後天使回答：「的確如此。」言畢，兩名惡魔舉起三叉鐵鋤朝男子腦袋打下去、一擊了結他的性命，然後把他帶往地獄。

個人的人生與惡魔天使扮演的角色

生前 人類同時受到天使的幫助以及惡魔的誘惑

當循正道而行

誘惑

這邊比較輕鬆啦～

天使 人類 惡

善

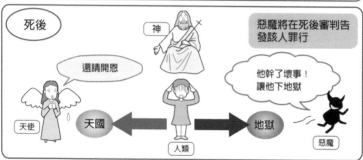

死後 惡魔將在死後審判告發該人罪行

神

還請開恩

他幹了壞事！讓他下地獄

天使 天國 ◀━━━ 人類 ━━━▶ 地獄 惡魔

❖ 圍繞在臨終者身邊的天使與惡魔

　　這是西元1500年前後創作的《死亡的藝術》木版插畫。《死亡的藝術》是勸說人在接受死後審判之前，也就是將死之前應當秉持何種心態才能逃離惡魔的魔掌、跟天使一起進入天國。圖畫中圍繞著瀕死者的除了惡魔與天使以外，還有耶穌基督。惡魔故意讓臥床者瞥見象徵誘惑的皇冠，而那誘惑就是「傲慢」、「絕望」和「缺乏信仰」等；另一方面，眾天使則是努力祈禱瀕死者千萬不要輸給惡魔的誘惑。

■用語解說

● 《英格蘭人教會史》→現存最古老的英格蘭通史。作者是英格蘭神學家比得（672或673～735）。

● 麥西亞王國→五～九世紀英格蘭的盎格魯－撒克遜人七王國之一。

第一個與惡魔簽契約的人

Theophilus and his deal with the devil

六世紀的狄奧菲魯斯是傳說中第一個與惡魔簽訂契約的人，後來卻在聖母馬利亞的仲裁下成功放棄契約。

●始自狄奧菲魯斯傳說的惡魔契約

人類應允交出自身靈魂，藉惡魔之力達成非常理能完成的願望，此即所謂惡魔契約。

聖經裡面並無類似契約的相關記載，不過《舊約聖經‧以賽亞書》28章15節卻寫到：「我們與死亡立約，與陰間結盟。」古代的教父們便是根據這段文字構成與惡魔締結契約的觀念，奧利金和聖奧古斯丁都說必須與惡魔締結契約方能實踐占卜、魔法或妖術。早在西元四世紀，**聖大巴西勒**就曾留下了一名奴隸為了得到元老院議員的女兒而將自己獻給惡魔的故事，不過傳說最早與惡魔締結契約的人物卻是六世紀的狄奧菲魯斯。

狄奧菲魯斯在西西里亞的阿達納教會擔任出納時受到眾人推舉擔任主教，卻因為謙卑而拒絕了職位。不料新主教上任後不斷陷害他，讓狄奧菲魯斯對自己的謙虛感到後悔，於是前往拜訪一位有名的魔法師，請他在十字路口召喚出撒旦，然後和撒旦約定以自己的靈魂為交換條件，宣言放棄耶穌與聖母馬利亞，最後用自己的鮮血在契約書上署名。

狄奧菲魯斯重返主教寶座後很快就後悔了，他向聖母馬利亞乞求原諒、從事長達七十天的苦行，終於獲得了原諒。撒旦起初堅持拒絕放棄契約，可是在聖母馬利亞及其屬下的群起圍攻之下，不得已只好將契約書交還。

隨著惡魔契約的故事流傳開來，便開始出現就連教宗也要與惡魔簽約等各種形形色色的傳說。

狄奧菲魯斯與惡魔的契約

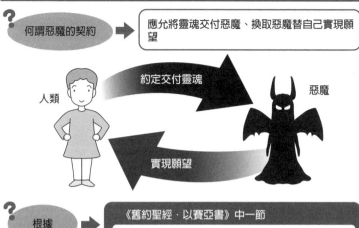

何謂惡魔的契約 → 應允將靈魂交付惡魔、換取惡魔替自己實現願望

約定交付靈魂

人類　　　　惡魔

實現願望

根據 → 《舊約聖經‧以賽亞書》中一節
「我們與死亡立約，與陰間結盟」

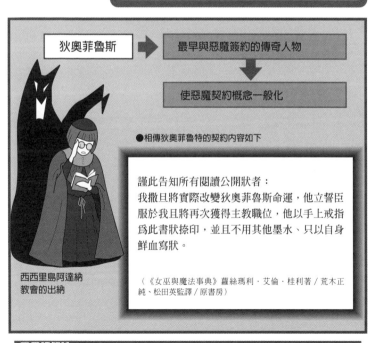

狄奧菲魯斯 → 最早與惡魔簽約的傳奇人物

↓

使惡魔契約概念一般化

●相傳狄奧菲魯特的契約內容如下

謹此告知所有閱讀公開狀者：
我撒旦將實際改變狄奧菲魯斯命運，他立誓臣服於我且將再次獲得主教職位，他以手上戒指爲此書狀捺印，並且不用其他墨水、只以自身鮮血寫狀。

（《女巫與魔法事典》蘿絲瑪利‧艾倫‧桂利著 / 荒木正純、松田英監譯 / 原書房）

西西里島阿達納
教會的出納

■用語解說

●聖大巴西勒→該撒利亞大主教，卡帕多西亞三教父之一。

與惡魔締結契約之目的？

Why did they make a deal with the devil?

將靈魂賣給惡魔，便能獲得這個世間的成功、權力、財富、快樂等，單憑己力無法達成的願望。

●惡魔幾乎沒有無法實現的事情

如果說與惡魔簽約可以實現願望，那它究竟可以實現何種程度的願望呢？答案是幾乎所有願望都能實現。歐洲有許多為追求個人欲望而與惡魔簽約的傳說，其中最有名的當屬浮士德博士，那麼惡魔究竟給了浮士德什麼？

根據約翰‧史皮斯撰寫的《約翰‧浮士德博士的故事》（1587），浮士德博士出生於威瑪*附近，非常聰明。他被富有的伯父認作養子、學習神學，並且憑著優秀成績成為神學博士。但另一方面浮士德生性自負，不僅視聖經如無物，還習得各種祕術，甚至為窮盡天地奧祕，終於在威登堡森林召喚出惡魔。此時現身的正是梅佛斯特（請參照P.052），於是博士便跟這名惡魔締結了長達二十四年的契約。

憑著這份契約，浮士德得以運用惡魔的力量體驗世間歡愉，耽溺於漁色之中。他非但獲得了關於惡魔、天使、地獄、天體運行、神創造天地等無人知曉的寶貴知識，還曾親身去過地獄界與星辰界。此外不光是歐洲，即使是埃及或高加索地區也能在轉眼間飛行抵達。浮士德曾經受到對他頗感興趣的皇帝查理五世款待，也與古代的亞歷山大大帝、美女海倫見面。後來，浮士德愛上了海倫，兩人同床共寢、生下了一個孩子。也就是說，只要跟惡魔簽契約，幾乎任何事情都可以得手。

只不過浮士德死後，他的戀人海倫和兩人的孩子卻也都消失不見了，可見惡魔所提供的物事亦非全然屬實。

---

* 威瑪（Weimar）：德國圖林根州城市，在愛爾福特東面，瀕臨伊爾姆河。

傳說中浮士德博士與惡魔的契約

 與惡魔簽約 ➡ 任何物事均可到手

浮士德博士的要求與結果

故事裡說浮士德博士向惡魔要求了以下的六件事情：

① 得到靈所擁有的力量與形態

② 讓靈實現所有願望

③ 成為僕從、侍奉自己

④ 隨傳隨到

⑤ 惡魔不能被別人發現，除非接獲命令否則不准讓任何人看見

⑥ 應要求以指定的模樣現身

結果

可瞬間前往全歐洲、埃及、高加索等世界各地

得到有關惡魔、天使、地獄、天體運行、神創造天地等無人知曉的知識

遊歷地獄界、星辰界

與古代的亞歷山大大帝、美女海倫會面，並與海倫結婚生子

耽溺漁色

不過惡魔實現的物事亦非全部屬實

荷蘭語譯版讀本《浮士德博士》插畫中的浮士德博士。

惡魔契約到期後會怎樣？

What if you deal with the devil expire?

從十六世紀法國知識份子德樂朵的日記和浮士德傳說，我們可以發現與惡魔簽訂契約者的下場有些恐怖的共通點。

●半夜發生遽變使得身體支離破碎

　　古代的狄奧菲魯斯剛和惡魔簽下契約就後悔了。當時他憑著向聖母馬利亞祈禱而得以放棄契約，也就是說聖母馬利亞擁有足以使惡魔契約失效的力量。可是，一來祈禱未必能夠傳達讓聖母馬利亞知道，二來也有些人根本不曾祈禱。在這種情況下，如果惡魔契約到期的話會有什麼結果呢？

　　十六、十七世紀的法國知識份子**皮耶‧德樂朵**以留下數量驚人的日記而聞名，他的日記曾記載以下內容。

　　「西元1558年的巴黎。有位與惡靈通信的博學魔法師預知自己死期將近，於是委託房東準備某種不明容器，好在死後將遺體投於河中。半夜裡家中忽然傳出巨響，嚇得房東趕緊跑到房間一看，發現那名男子已經斷氣，他的四肢全數被扯斷，四散於床舖各處。待房東按照遺言將那些容器投入河中，卻又再度聽見極恐怖的尖叫聲。」（《女巫的審判廷：文藝復興惡魔學的邀請函》平野隆文著／岩波書店）

　　這恐怖的內容便是與惡魔締結契約者的下場。之所以如此斷言是因為十六世紀傳說中的浮士德博士也有類似的遭遇。和惡魔簽下二十四年契約的浮士德固然經歷許多冒險、得到無數歡愉，但契約終於還是到期了。當天半夜，強風吹得浮士德投宿的旅店搖晃不止，只聽見咻咻風響和浮士德呼救的喊聲。隔天早上眾人進去一看，發現房間裡滿是血跡、牆壁黏著腦髓，兩顆眼球也落在地面，至於身體則是四分五裂、散落於屋外的堆肥之上。

契約的恐怖代價

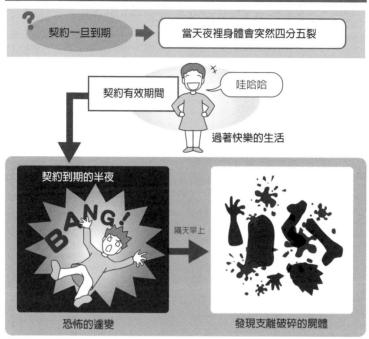

契約一旦到期 ➡ 當天夜裡身體會突然四分五裂

契約有效期間

哇哈哈

過著快樂的生活

契約到期的半夜

BANG!

隔天早上

恐怖的邊變

發現支離破碎的屍體

✤ 史實人物浮士德博士之死

　　如同傳說中的浮士德博士，被引為原型的史實人物浮士德博士的死亡也同樣離奇。反過來說，也許正是因為史實人物浮士德博士的死法太過離奇，所以才會有他和惡魔簽契約的傳說出現。史實人物浮士德博士死於西元1540年前後，不過西元1548年約翰‧嘉士得寫的《宴席談論》這本書裡便已經記錄了浮士德之死。此書說浮士德博士遭撒旦絞殺慘死，所以屍體停放於棺台上的時候只能讓臉部朝地，即使調整了五遍脖子仍無法恢復原位。這也讓《惡魔之友：浮士德博士的真相》（1980）的作者漢斯約格‧毛斯等現代研究者懷疑浮士德博士是在進行錬金術實驗時發生爆炸，身體才會被炸得支離破碎。事實上浮士德博士確實是位錬金術師，因此這也是很有可能發生的事情。

林堡兄弟筆下令人畏懼的撒旦

　　中世紀末期以後，人們紛紛為撒旦的形象添加許多足以象徵其力量的鮮明特徵，例如身體有何等巨大、怪物般的長相等。想要觀察這個現象，沒有比繪畫更理想的媒介。著名的畫家林堡三兄弟*所繪彩色抄本《貝里公爵祈禱書大全》（1415）堪稱是中世紀最豪華的彩色抄本，而該抄本中收錄題名為《地獄的火網》便是此類作品的代表作。在這幅畫中，頭戴皇冠的魔王撒旦雖然在地獄深處、燒燙炙熱的火網上飽受煎熬，可是他仍然口吐火焰在灼燒著亡者，又或者那些亡者是剛被撒旦吸入、吐出也說不定。此外在網下的火爐周圍，還有些惡魔鼓動風箱催動烈焰或是折磨亡者。這幅畫明顯是受到《唐得爾見聞錄》所描繪的地獄形象影響，不過這個時代的各種藝術作品其實都可以看到如此恐怖的撒旦形象。

第 4 章
女巫惡魔學

惡魔的興盛與獵女巫

The period of the witch-hunt craze

從前異端教派勢力崛起、鼠疫流行造成社會不安情緒高漲，歐洲的基督教徒卻認為這些現象是惡魔在作祟，因此陷入恐慌。

●出於對惡魔恐懼心理的獵女巫行動

　　基督教徒從《新約聖經》時代便已開始對抗惡魔的勢力。在這股反抗惡魔的風潮下，西歐地區於十六、十七世紀達到最巔峰、恐怖駭人的獵女巫也是其中之一，至少對基督教徒來說是如此。

　　獵女巫始於十三世紀，止於十八世紀，據說這段期間至少有十萬名女巫遭到逮捕、被處以火刑。一旦被懷疑是女巫很快就會遭到異端審問官或女巫獵人逮捕，施以嚴刑拷打逼迫其自白認罪、最後處刑。

　　這個時代的歐洲人陷入完全的恐慌，整個社會瀰漫著嚴重不安的氛圍。自從十一世紀以來，十字軍面對勢力不斷擴張的土耳其系伊斯蘭教多次戰敗，甚至西元1453年君士坦丁堡亦遭鄂圖曼土耳其人攻陷（東羅馬帝國滅亡），而歐洲內部亦十分混亂。十～十四世紀鮑格米勒派、韋爾多派[*1]、清潔派等異端勢力紛紛壯大，再加上十四世紀中葉鼠疫流行，使得歐洲喪失了將近三成人口。種種狀況在基督教徒眼中根本就是惡魔作祟，於是因此萌生了受到惡魔猛烈圍攻的觀念。儘管人們決定起身對抗，可是要打倒惡魔是不可能的事情，所以他們只能轉而對付擔任惡魔爪牙的人類。

　　基督教徒在這場戰役中創造出異端審判的制度，並於西元1232年展開活動，許多被懷疑是異端者紛紛遭到逮捕，並且被處以火刑。最後，異端雖然撲滅了，可是人們對惡魔的恐懼仍然沒有消散，甚至在恐懼驅使下開始尋找下一個目標，而接著遭殃的便是當時認為是惡魔爪牙、散播異端思想的女巫。

基督教會與邪惡軍團之戰

恐怖的獵女巫 → 對抗惡魔戰役的其中一環

無法對付惡魔，於是轉而對付惡魔的爪牙女巫

●初期教會

諾斯替主義

阿里烏主義*2

聶斯脫利派*3

逐出教會 ← 基督教會

初期教會透過對抗異端來確立正統信仰，不過對異端的處罰僅止於逐出教會而已

●中世、近世教會

韋爾多派

鮑格米勒派

清潔派

女巫

迫害

基督教會

打壓

教會於十世紀前後已經擁有權威與力量，開始出現世俗審判所、異端十字軍等打壓行為，最後甚至還藉異端審判將異端紛紛處以火刑

◆ 異端審問與女巫

　　由教宗格列高利九世所提案的異端審問是於西元1232年開始活動，並且在神聖羅馬帝國皇帝腓特烈二世的協助之下，成為兼具警察與審判所兩者功能的制度。在獲得掌握世俗權力的政府機關支持下，直屬於教皇廳的異端審問官同時扮演檢察官與審判官的角色，腓特烈二世甚至將異端指定為特別重罪，教會和國家可以任意處置。除聖職者向上呈報以外，教會也獎勵信徒密告，而且密告者會受到保護，因此亦不乏有敵對者互相誣告的情事發生。審問官可以對嫌疑犯施以拷問，強迫嫌犯自白認罪，即便無人提出告訴，審判所亦可主動興起異端審問，而且單憑流言傳聞就可以立即發出逮捕令。話雖如此，當時女巫尚未被認定為異端，直到西元1326年若望二十二世才透過教宗詔書正式將女巫認定為異端。從此被懷疑為女巫者紛紛受到異端審問、處以火刑，也就是所謂的「女巫審判」。

何謂女巫？

Definition of witch

女巫的惡魔爪牙形象為歐洲人於獵女巫時代捏造出來的妄想，跟現實世界中的傳統女巫並無關聯。

●惡魔的爪牙，危害世間的女巫

歐洲基督教徒在獵**女巫**時代創造了一種迥異於古老傳統、全屬妄想的特別觀念。

傳統的女巫可追溯至太古信仰，是類似咒術者、薩滿[*1]般的角色，並且存在於全世界各地，不僅限於歐洲。倘若僅就歐洲而論，地中海地區的女巫屬於崇拜古羅馬黛安娜[*2]女神的大地母神信仰體系，有群居的特徵；日耳曼世界的女巫可連結至森林崇拜等古老信仰，就像格林童話裡的女巫，習慣離群索居、獨自生活。無論是地中海地區或者日耳曼地區，這些女巫都跟惡魔毫無關係，純粹只是憑著自我意志行事，有善舉也有惡行。一般民眾對這些女巫雖然感到害怕，卻也將其視為擁有特殊知識的賢者。

然而，獵女巫時代的基督教徒卻把女巫當作惡魔爪牙，認為女巫會為世間帶來邪惡。基督教會雖然早就將信仰異教者打作惡魔爪牙，但女巫的負面形象卻是在漫長的中世紀期間才慢慢確立成形。舉例來說，基督教會最偉大的神學家托馬斯・阿奎那（約1227～1274）跟獵女巫行動雖然並無直接關係，卻初步建立了女巫巫術的五個核心概念，這五個概念為：「與惡魔的性交涉」、「騰空術」、「動物變身術」、「天候操控術」及「不孕術」，而獵女巫時代的眾家惡魔學家便根據這些偉大神學家留下的文字與聖經的記載，確立了女巫身為惡魔爪牙的形象。不過獵女巫的目標並不限於傳統的女巫，許多社會弱勢者經常成為獵女巫之下的受害者，有時甚至連有錢人也會被盯上。簡單來說，所有具女巫嫌疑的人後來全都被當作女巫處置了。

傳統的女巫與妄想中的女巫

傳統的女巫

大地母神黛安娜

樹木崇拜的咒術師

傳統女巫屬黛安娜信仰（地中海世界）或樹木崇拜（日耳曼世界）系統，除了呼喚神靈、使用草藥療法，還會使用操縱天候等咒術。

妄想中的女巫

惡魔撒旦

妄想的女巫

獵女巫時代相信女巫乃是透過契約成為惡魔的爪牙，會從事散播異端思想等種種惡行。

女巫巫術的五個核心概念

與惡魔的性交涉

變身成動物

空中飛行

天候操控術

不孕術

基督教會的最偉大神學家托馬斯・阿奎那除了指出惡魔確實存在外，還提出惡魔會以夜魔形態與人類性交、讓男人喪失能力等日後成為巫術核心的五個觀念，經常受後世惡魔學著作引用。

■用語解說

●女巫→女巫的英語為witch，是妖術者之意，可以是男性也可以是女性（不過最近數個世紀witch已經變成專指女性的用語）。

女巫與惡魔學

Demonology of the witch-hunt

原本僅是神學一部分的惡魔學漸漸從神學家散播至一般民間，最後終於自成一門學問，加速民眾對女巫的妄想。

●創造出女巫妄想的惡魔學

自古以來，傳統女巫在以咒術爲善的同時也會爲惡，可是在中世紀前，女巫並不曾因爲施行咒術而被視爲異端、受到審判，甚至處以極刑。舉例來說，如果在十二世紀以前，信仰異教女神黛安娜的信徒公開宣稱：「我等曾經在女神的率領下騰空飛行。」基督教會只會將此類民間惡魔信仰視爲迷信、幻想，不會特地責罰。爲了將女巫歸作異端加以審判，勢必要將女巫乃惡魔爪牙、異端散播者的刻版印象轉化成教會成員、法界人士、世俗掌權者、知識份子，甚至一般大眾共同擁有的信念。促成此信念確立的重要關鍵，其實正是惡魔學。

若單純只是就惡魔進行考察的學問，那麼惡魔學自古便已經存在，初期基督教會的眾位教父也都對惡魔有過深刻的思考，可是這裡的惡魔不過是相對於神的存在，是宏大神學的其中一小部分，僅僅只是神學者概念裡的惡魔而已。

然而隨著惡魔形象於中世紀期間逐漸向民間散播，惡魔也透過對抗異教徒、異端教派的戰爭，變成了某種更加具體且令大家害怕的概念。因此，惡魔學終於進入了一個新的階段，一門名叫「惡魔學」的獨立學問於焉誕生。史賓格與英斯蒂道里斯創作的《女巫之鎚》（1486）是催生惡魔學的重要關鍵，不過在這部作品之後仍有許多以女巫和惡魔爲主題的惡魔學書籍問世，才終於確立了女巫妄想。

＊讓・博丹（Jean Bodin，1530～1596）：法國政治哲學家。爲主權國家引進法律和政治的思想。

創造出女巫妄想的惡魔學重要著作

對惡魔恐懼感的增長 ➡ 神學家的惡魔論 ▼ 惡魔學誕生 ➡ 女巫妄想的確立

書名	作者	特徵
《蟻塚》（1475）	約翰‧尼德	於西元1435～1438年間創作的作品，用來攻擊最早期女巫之惡魔學書籍。
《女巫之鎚》（1486）	雅各‧史賓格、海利奇‧英斯蒂道里斯	根據過去資料與作者經驗所著，為第一部百科全書形式的惡魔學書籍。
《女巫的惡魔狂熱》（1580）	讓‧博丹	當代知識份子所著的惡魔學書籍，是繼《女巫之鎚》以來最偉大的女巫理論書籍。從此可以輕易將女巫處刑。
《惡魔崇拜》（1595）	尼可拉斯‧勒米	繼《女巫之鎚》以來最偉大的天主教女巫百科。勒米本身便是審判官，生涯曾經將兩、三千名女巫送上火刑台。
《惡魔學》（1597）	蘇格蘭國王詹姆斯六世（後來的英格蘭國王詹姆斯一世）	書中明確表達應對女巫犯罪施以嚴懲，可是作者後來卻開始懷疑女巫是否存在。
《魔法精釋》（1599）	馬丁‧德爾里約	全六卷鉅作。泛論巫術與魔法，將整個惡魔學體系化，後來成為天主教最具權威的惡魔學書籍。
《女巫論》（1602）	亨利‧波挨	蒐羅所有女巫教派進行論述，主張女巫與惡魔發生真實的性交，但卻認為應當對女巫嫌疑者的拷問行為加以限制。
《蟲物要覽》（1608）	弗朗切斯科‧馬利亞‧瓜佐	彙整女巫相關情報的女巫全書。收錄許多惡魔學先進所引用的資料與女巫審判紀錄的豐富事例。
《關於墮天使與惡魔無節操的描寫》（1612）	皮耶‧德‧朗克雷	作者以自己獵女巫經驗所著作品，以詳細描寫魔宴而聞名。魔宴也因為這本書而成為巫術當中不可或缺的要素。
《論惡魔姦淫以及男夜魔女夜魔》（約1700）	盧多維科‧馬利亞‧西尼斯特拉里	花費一整本書的篇幅試圖證明男夜魔與女夜魔確實存在的作品。

獵女巫教本《女巫之鎚》

Malleus Maleficarum

德國兩位異端審問官根據自身拷問女巫、迫其告白的實際經驗所著的獵女巫指導手冊，曾經被稱為是「合法殺人的完美武器庫房」。

●為審判女巫所著的惡魔學百科

　　歐洲的獵女巫狂潮雖於十六世紀達到巔峰，不過使獵女巫正當化的理論根據其實早就已經萌芽，《女巫之鎚》便是這個準備階段中的跨時代里程碑。此書的作者是兩位德國異端審問官海利奇·克拉馬（拉丁名為英斯蒂道里斯）與雅各·史賓格，他們於西元1486年將自身經驗集結成冊發行出版，使得《女巫之鎚》成為其後兩百年間銷售量僅次於聖經的暢銷書。當時的異端審問官幾乎人手一本袖珍本，並且會在審判女巫時取出參照。

　　這本書從過去史料中蒐羅構成女巫之要素，堪稱是惡魔學的大百科，內容充斥著幾近病態的女性憎惡心理，尤其以好色的女性為極力抨擊的對象，與惡魔性交的概念便是因為這部作品而成為女巫眾多惡行當中的核心。

　　《女巫之鎚》共分三個部分。第一部是巫術三要件：惡魔、女巫以及與全能的神有關的事項，也就是敘述女巫如何與撒旦勾結為惡而免受全能的神責罰。其中還列舉出女巫諸多罪行，包括拒絕信仰天主教、讚美撒旦、藉夜魔誘惑他人、使男性失去性能力等。第二部是以逸聞體裁將女巫的種種惡行描述得歷歷如繪，並且詳細講解應當如何對抗女巫的惡勢力。此節特別強調接生產婆之惡行，說她們會以避孕藥墮胎，並且將甫誕生的嬰兒獻給惡魔。第三部則說明女巫的審判程序，並且詳細指示審判官、女巫獵人應該如何才能將更多的女巫送上火刑台。

何謂《女巫之鎚》

《女巫之鎚》

英斯蒂道里斯 &
史賓格著

定義女巫的惡魔學百科

女巫獵人的必備書籍

病態憎惡女性的書籍

《女巫之鎚》的封面

作者	海利奇‧克拉馬（拉丁名為英斯蒂特里斯）與雅各‧史賓格。兩人長年擔任異端審問官，擁有許多將異端、女巫送上火刑台的經驗
刊行年	西元1486年
特徵	病態般憎惡女性的作品
意義	使獵女巫在理論根據上有長足進步的跨時代作品
結構	按照經院哲學傳統分成三部分

第一部

談論巫術的三個要件：惡魔、女巫與神的容許。這部分討論撒旦和女巫是如何在神准許下危害人畜，以及女巫的種種惡行，包括驅使夜魔、誘惑他人、妨礙生產、破壞婚姻等。

第二部

巫術如何發生效果、又如何使其失效的相關解說。主張女巫確實存在、女巫為惡是千真萬確的事實，還把不太可能的事情描述得歷歷如繪。

第三部

討論教會以及世俗審判所針對女巫、異端者的訴訟程序。其目的在於盡可能將更多的女巫送上火刑台，對如何逼迫女巫招供的實際手段有詳細描述。

獵女巫專書《女巫的惡魔狂熱》

De la demomanie des sorciers

《女巫的惡魔狂熱》是繼《女巫之鎚》以來的女巫叢書中最有名的作品，尤其令人驚訝的是這部作品竟是出自法國引以為傲的文學家之手。

●偉大文學家也相信女巫確實存在

　　作者讓‧博丹是活躍於十六世紀後半葉的法國文學家，是位著作評價優異、赫赫有名的人物。因此，西元1580年刊行的《女巫的惡魔狂熱》大大折損了作者的地位，同時這部作品也是繼《女巫之鎚》以來，眾多女巫叢書當中最著名的一本。

　　博丹在序文中提起曾經親自參與女巫珍‧哈維利耶一案的審判，他如此寫道：「是故，我決意撰寫此部著作，並取眾女巫對惡魔的狂熱追求將書名定為《女巫的惡魔狂熱》。目的便是要讓所有讀者清楚地知道再沒有任何犯罪比這件事值得更嚴重的刑罰。」（《女巫的誕生與衰退》田中雅志編譯‧解說／三交社）像博丹這樣當代首屈一指的知識份子都這麼表示，不難想像當時民眾對女巫的存在是多麼深信不疑。

　　《女巫的惡魔狂熱》共有四卷，第一卷先用「所謂女巫，就是以惡魔手段、從事陰謀者」解釋了女巫的定義，並且證明惡魔的存在和惡魔可以與女巫建立關係。第二卷一方面介紹女巫使用的魔法，一方面舉出女巫對人類或自然的危害、狼化現象，以及惡魔與女巫性交等具體實例，同時進行論述。第三卷的主題是關於女巫的其他能力，並教導讀者如何自保免受這些魔法侵襲。第四卷則是女巫審判的實踐指導手冊，內容自然就是說明如何才能確實將有女巫嫌疑者送上火刑台的手續及程序。

博丹列舉的女巫罪行

《女巫的惡魔狂熱》
讓‧博丹著

《女巫之鎚》以降最著名的作品

主張對女巫犯罪施以嚴罰

當代首屈一指知識份子寫的迷妄之書

吃人肉

詛咒神

否認神

使穀物枯萎

以咒術殺害人畜

殺害未受洗孩童、製成飲料

崇拜惡魔奉獻祭品

以孩童供奉惡魔

近親相姦

與惡魔性交

殺害未受洗孩童、獻給惡魔

以惡魔之名起誓

勸人加入女巫教派

將未出生嬰兒獻給惡魔

博丹所主張的法律運用方法

‧ 承諾被告如果供出共犯可以減刑、甚至免刑

‧ 替密告者隱瞞姓名

‧ 強制孩童告發雙親的罪行

‧ 利用暗樁欺騙被告、迫其招供

‧ 流言傳聞便足以構成對嫌犯施以拷問的充分理由

‧ 一旦被告發，除非完全證明告發者做偽證，否則不得將被告無罪釋放

女巫的飛行

Flying

許多人相信女巫會騎掃帚在空中飛行，不過據說每當教會鐘響的時候，女巫就會從掃帚上摔下來。

●女巫可騎乘掃帚、木杖、動物等道具飛行

從前女巫妄想的時代，歐洲民眾相信女巫能夠跨上掃帚在空中飛翔，並且以飛行的方式前往參加魔宴。《新約聖經‧路加福音》曾寫到撒旦將基督高高舉起、讓基督雲時看見世界各國，甚至到過神殿的屋頂上。由此可知，藉助撒旦力量的女巫就算會飛也不是什麼稀奇的事情。

雖然女巫的飛行道具以掃帚最為人所知，不過曾經使用過的道具卻可說是五花八門，例如木棒、捲線棒、木杖、鋤頭等。有時女巫也會騎動物，諸如：黑山羊、公山羊、公牛、狗、狼等。此外，飛行用的軟膏也很重要。女巫會把軟膏塗在飛行道具和自己的身體上，然後從房屋的煙囪朝天空飛去。

當然也有人認為女巫能夠飛行是種迷信。十世紀的《主教會規》就曾規定，相信女巫會跟著黛安娜女神飛行於廣大地區乃屬異端迷信。另一方面，女巫獵人則主張即便只是妄想，只要在空中飛行就是身為女巫的證據。

然而，大部分的民眾還是相信女巫會在空中飛行。

女巫飛行的速度非常快，卻好像不會有危險，或者應該說還沒遭遇危險就已經抵達目的地了。對女巫來說，教會的鐘聲是個相當大的威脅，因為教會的鐘聲擁有能使掃帚墜落的力量。因此，相傳有些城鎮會在女巫舉行祭典的期間不停敲響教會的鐘，保護城鎮免於空中女巫的迫害。基督教自古便相信教會鐘聲力量強大，八世紀的約克大主教愛格伯就曾說過：「教會鐘聲能使惡魔虛脫無力，對幽靈、施風、閃電、落雷、暴風雨的精靈也同樣有效。」

女巫如何飛行

女巫妄想 ➡ 女巫會騎掃帚，用飛的參加魔宴

飛行用軟膏

將軟膏塗在身體

將軟膏塗在道具上

騰空飛行

道具包括木棒、捲線棒、木杖、鋤頭等各種形形色色的物品，有時也會騎黑山羊、公山羊、公牛、狗或狼等動物。

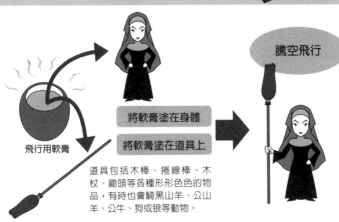

飛行的女巫與教會鐘聲

咻—

咻—

啊啊

啊啊

噹噹

噹噹

噹噹

噹噹

噹噹

啊—

據說教會的鐘聲一旦響起，女巫就會紛紛墜落

女巫的變身

Metamorphosis

過去相信女巫可以任意變身成各種動物，其中最恐怖的當屬變身成狼之後會襲擊人畜當作自己的食物。

●女巫的變身能力乃惡魔所授

全世界皆流傳著許多人類變身成動物的神話及民間傳說，而與惡魔簽下契約的女巫同樣也能任意變身，因為惡魔會傳授獻身的女巫變身能力當作褒獎。

女巫通常會變成隨處可見的動物，譬如貓、狗、兔子、鼬鼠、鼠類、鳶鳥、烏鴉、牛、蛇、蝴蝶、蜻蜓等，在惡魔最猖狂的全盛時期，許多民眾只要發現這些動物從田裡經過，就會懷疑那是不是女巫的魔寵而惶惶不安。不過，女巫不會變身成羊羔或鴿子，因為對基督教來說這兩種動物乃是純潔的象徵。此外據說當女巫要出門參加魔宴的時候，會在身體塗上藥膏、變成動物，然後才騎著掃帚騰空飛行。

女巫雖然能變身成各種動物，卻屬變身成狼最恐怖，過程跟所謂的「狼人」或「狼化」頗為類似。當時人們相信女巫會變成狼的模樣在深夜的郊外徘徊、襲擊人類或動物，然後再變回人形；如果村裡有誰被狼吃掉了，眾人就會開始懷疑可能是女巫所為。

無論變成何種動物，倘若女巫在變身成動物的狀態下受傷，變回人類的時候也會在相同的地方留下傷口，許多女巫就是因為如此暴露了身分。

亦有女巫表示自己在變身的時候會唱誦咒語。西元1662年於蘇格蘭成為女巫審判被告的女性伊莎貝爾·高迪就說自己曾經重複唱誦：「我身化兔／多悲多嘆多憂之兔／入我（惡魔）軍門／直至再度歸返之時」這段咒語三次以上，然後變身成兔子。

女巫的變身能力

惡魔傳授肯獻身的女巫變身能力作為褒獎

賞賜你的　　　變身能力　　　從命

女巫經常變身成何種動物

鳶鳥

狗

兔子

貓

蝴蝶

蜻蜓

鼬鼠

蛇

牛

鼠

烏鴉

女巫經常變身成生活周遭常見的動物

伊莎貝爾‧高迪的變身咒

西元1662年於蘇格蘭成為女巫審判被告的女性伊莎貝爾‧高迪表示曾藉下列咒語變身成兔子

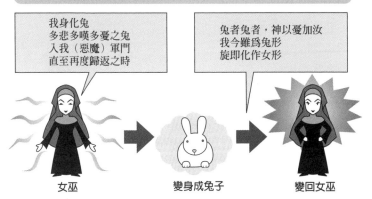

我身化兔
多悲多嘆多憂之兔
入我（惡魔）軍門
直至再度歸返之時

兔者兔者，神以愛加汝
我今雖為兔形
旋即化作女形

女巫　　　變身成兔子　　　變回女巫

（變身咒語引用自《惡魔學大全》松田和也譯／青土社）

狼化的作用機制

Demonology of Lycanthropy

就惡魔學來說人類要變身成動物是不可能發生的事情，那全都是惡魔運用幻覺所引發的錯覺。

●女巫的變身為惡魔引發的幻覺

一般人相信女巫能夠自由自在地任意變身成各種動物，不過惡魔學者們卻不認為女巫真的可以變身。

基督教的惡魔學抱持著人類不可能變身成動物的基本立場。為什麼呢？因為惡魔並不具備改變實體的力量，唯有創造世界的神才擁有這等力量。不過眾多惡魔學者當中，亦不乏有人認為女巫的變身是千真萬確的事，譬如以《女巫的惡魔狂熱》作者而聞名的讓·博丹便是如此，只不過他的說法也受到眾家惡魔學者駁斥為異端。

以女巫變身中最恐怖的狼化為例，所謂狼化就是人類變成狼的模樣，深夜在郊外等地徘徊、襲擊人畜為食，然後再度變回人類的模樣。狼化有個特徵，那就是如果在變成狼的狀態下負傷，變回人類以後也會在同一個地方發現傷痕。

關於這個現象，眾家惡魔學者也提出了說明。首先，女巫之所以覺得自己經歷變身，乃是因為將軟膏塗抹於身體上所引起的幻覺。也就是說，女巫其實只是在做一個非常真實的夢，夢見自己變身成動物而已。非但如此，惡魔還會在女巫夢中的場所附身於狼隻、襲擊人畜，此時倘若狼受了傷，惡魔也會在睡眠中的女巫身上留下同樣的傷痕，藉由這樣的手法讓眾人以為那隻狼是女巫變身。而比上述更費心思的作法是，惡魔會用空氣變成野獸的模樣、罩在女巫身上，讓女巫看起來就像是變成了狼。無論如何，惡魔學者認為女巫的變身全都是惡魔創造出來的幻覺。

惡魔學對女巫變身的解釋

惡魔並無改變實體的力量

女巫的變身非屬真實

女巫變身的作用機制（其一）

① 女巫於身體塗抹軟膏，透過幻覺夢見自己變成狼襲擊他人

② 惡魔附身於真正的狼匹，按照女巫夢境襲擊人類。目睹經過的人成為目擊者

③ 倘若現實世界中的狼負了傷，則惡魔也會在女巫身體的相同部位留下傷痕

?

惡魔藉此方式讓女巫變身成狼襲擊他人的幻覺彷彿實際發生一般

女巫變身的作用機制（其二）

① 魔利用空氣製作出狼的模樣

② 將狼的模樣罩在女巫身上

③ 女巫順利變身成狼

惡魔藉此讓女巫變身成狼襲擊他人的幻覺彷彿實際發生一般

呼喚暴風雨

Storm Rising

女巫曾經以各種魔法手段操縱自然現象，譬如冰雹、閃電、暴風雨等，並且遭到女巫審判。

●女巫可憑惡魔之力操縱自然現象

過去民眾相信女巫能夠任意操縱冰雹、暴風雨、落雷、閃電等自然現象，其實這些原本只是跟惡魔毫無關係的民間信仰，但來到獵女巫時代，眾人便理所當然地認為女巫是從惡魔身上得到此等能力，於是歷來竟有不少女巫是以引起惡劣天候的罪名遭到處刑。

有位在德國萊茵地區的女巫，就因為犯了以下罪狀遭處火刑。由於村裡眾人很討厭這名女性，往往不會邀她去參加婚禮，有一次，她看見村裡吵鬧喧囂的氣氛，但自己卻孤伶伶的一個人感到憤怒，於是便召喚惡魔出來，請惡魔帶她飛到可以俯瞰村落的山丘上。接著，她在地上挖了洞在裡面撒尿，用手指攪拌後讓惡魔將這泡尿升到空中化為冰雹與暴風雪，直接送向村裡，徹底破壞了婚宴酒席的歡樂氣氛。

女巫引起的所有暴風雨當中，就屬西元1590～1592年的「北貝里克女巫審判」事件最為人所知。西元1589年，英格蘭國王詹姆斯一世與丹麥女王安妮訂婚，但女王前往英格蘭的船卻數度遭暴風雨阻礙。當時判斷此事乃是女巫所為並召開審判，根據自白女巫的說法，原來當時眾女巫正在舉行規模達百人的集會，那些女巫先替貓施洗，然後在貓身體的各個部位黏上已經死亡男性的重要部位和許多肉塊，最後把貓丟進海裡，召喚暴風雨。

當時的女巫審判紀錄裡面還記載其他召喚惡劣天候的魔法儀式，如將打火石高舉過左肩擲向西方、揮舞沾濕的掃帚、煮去勢公豬的硬毛、在乾涸的河床擺放木杖等。

女巫的天候操控術

女巫的天候操控術 →	引起落雷	引起冰雹
	引起暴風	引起暴雨

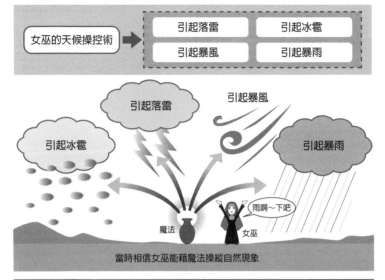

當時相信女巫能藉魔法操縱自然現象

女巫操縱自然現象所使用過的手段

用木杖拍打池水

在船上吹笛

在地面挖洞灌水進去

揮舞沾濕的掃帚

在乾涸的河床擺放木杖

用沾濕的布片拍打石頭

取打火石高舉過左肩、擲向西方

將獻作祭品的一歲雞隻拋向空中

把蛇放進大鍋子裡煮

女巫的不孕術

Impotence magic

女巫能夠用打結的繩索施行不孕術，此術能使男性喪失性能力，直到找出繩索、解開繩結為止。

●使男性喪失性能力的惡魔繩結

女巫因傳說會藉助惡魔之力剝奪男性的性能力而深受畏懼，就連博丹、尼可拉斯‧勒米等眾多惡魔學者也將性無能歸咎為魔法所致，然而這並不是獵女巫時代特有的魔法，而是某種自古以來便廣受施行的妖術，直到這個時代才被加進女巫的眾多罪行當中。

在剝奪男人性能力的不孕術中，將打結的繩索藏匿起來是最為常見的做法。在繩結的材質上，無論是緞帶、絲線、皮繩等，只要是手邊能夠取得的皆可，在打成繩結後藏在目標男性的床舖稻草中，或者枕頭內、門框底下，如此一來該名男性就會陽萎。而要治療病症的方法也很簡單，只要找出被藏起來的繩結將其解開，症狀就會不藥而癒。據說遭女巫施以不孕術的男性身體還會長出膿包，這膿包代表的就是因不孕術而未能生下的嬰兒。

除不孕術以外，同樣流傳已久的是使男性動情的戀愛魔法。十五世紀蒂羅爾*的詩人漢斯‧芬特勒便在《美德之華》當中提到一般戀愛魔法的施行方法。根據記載，首先要把青蛙丟進蟻塚，等待青蛙肉全數被啃光取出剩下的青蛙骨頭，並拿它摩擦目標男性的皮膚。如此一來就能讓該名男子對拿蛙骨摩擦自己的女性深深墜入情網。

無論是不孕術還是戀愛魔法，因魔法導致性無能的男性在當時可以跟妻子離婚，而且在離婚後立刻再婚。這個規定也造成當時對元配感到厭倦的男性，經常因為有新情人而聲稱自己被施了性無能的魔法。

---

* 蒂羅爾（Tirol）：亦作Tyrol，奧地利西部一州。北與德國接壤，南與義大利相連。

使男性變成性無能的一般方法

不孕術 ➡ 藉魔法力量使男性變成性無能

自古以來便存在已久的妖術

① 備緞帶或繩子

② 綁成繩結

③ 把繩結藏在床裡、枕頭裡或者門框底下

垂頭喪氣

⑤ 變成性無能。但找出繩結將其解開便能痊癒

④ 目標男性不疑有他

戀愛魔法的一般方法

戀愛魔法 ➡ 激起男性的愛慕之心

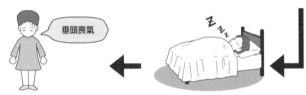

青蛙

① 捉隻青蛙

骨頭

② 把青蛙關在蟻塚中，等青蛙被吃得只剩骨頭

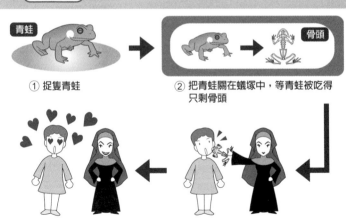

④ 男子愛上該名女性

③ 拿蛙骨摩擦目標男性的皮膚

何謂魔宴？

Sabbat

據說所謂魔宴（女巫的晚宴）是大批女巫聚集起來殺食兒童、荒唐放蕩，並且雜交的宴會，但這些其實只是民眾創造出來的幻想。

●建立於女巫幻想之上的狂亂晚宴

基督教傳遍整個歐洲以後，民間仍流傳著古代的土著信仰，尤其以地中海世界為中心而存在的黛安娜女神、阿蒂蜜斯女神[*1]等大地母神信仰最為根深蒂固，而這些大地母神的慶典祭祀往往都會伴隨著雜交及瘋狂的飲宴。基督教本來對這些集會抱持著寬容的態度，直到後來才將異教神明視為惡魔、將參加者視為惡魔手下的女巫。約莫十四、十五世紀間，女巫們聚集在一起舉辦晚宴的觀念逐漸成形，而這種晚宴就叫作魔宴。

民眾對魔宴的印象大致如下：

當天晚上，眾女巫會小心不讓丈夫、妻子發現偷偷溜下床、在身上塗抹軟膏使身體漂浮起來，之後便騎著掃帚等道具揚長飛去。他們的集會場所大多是在人煙稀少的荒地、森林、洞穴等處，集合後第一件事就是向惡魔獻上崇拜，並且舉行初次參加者的入會儀式，接著才是飲食。這時，眾女巫會取出事先殺好的兒童血肉進食，待宴會結束後將火把吹熄，使四周陷入一片漆黑，隨著口令聲傳來開始互相擁抱、亂交。無論身邊是男是女，也不管彼此是否有血緣關係。最後經過離別的儀式，女巫們回到家中，安安靜靜地鑽回被窩裡。

重要的是，魔宴是個不存在於現實的幻想，每位證人針對舉辦日期、舉辦場所、參加人數等細節說法不一。十七世紀初的女巫獵人皮耶‧德‧朗克雷（1553～1631）表示魔宴就像個市集，瘋狂的參加者從四面八方湧來，參與人數甚至可達數十萬人。

魔宴概要

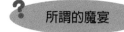

所謂的魔宴

↓

女巫的夜間集會

↓

- ・於人煙稀少處舉辦
- ・規模從數人到數萬人都有
- ・是不存在於現實的幻想

描繪布羅肯山[*2]女巫魔宴的
十八世紀版畫。

魔宴的節目內容

魔宴的邀請函

舉辦日期	非週末的深夜
移動手段	請於身體塗抹軟膏、乘掃帚飛行前來

節目表

惡魔禮拜	向惡魔表達敬意的臣服禮拜
入會式	初次參加者的入會儀式
宴會	美好的料理(不過也有貓、狗、青蛙等料理)
舞蹈	搭配鄉村風格音樂跳舞(多為輪旋曲[*3])
亂交	不論男女,與身旁的人進行亂交
結束	自然而然結束,或者以黎明雞啼為號

■用語解說

●**魔宴**→基督教徒自古便將異教徒的集會稱為會堂(指猶太教的會堂),而魔宴
(Sabbat)也是來自於希伯來語中的安息日(Sabbath),是個反猶太的用語。

魔宴的公山羊‧巴弗滅

Sabbatic Goat/ Baphomet

民眾相信魔宴的主辦者撒旦會化作巨大且漆黑的公山羊模樣，在頭頂兩隻角中間有柱點燃的蠟燭。

●化身為巨大黝黑公山羊的撒旦

魔宴乃是魔王撒旦主辦的祭典暨饗宴，因此身為主辦者的撒旦必定會出席。

由於在魔宴中將與女巫性交，所以撒旦有時也會變成頗富魅力的模樣，不過大部分時間都還是以巨大且漆黑的公山羊樣貌現身，兩隻頭角中間還豎著一根正在燃燒的蠟燭，也就是「魔宴的公山羊」。

根據柯林‧德‧普朗西所著《地獄辭典》內容（1863），那公山羊有三隻角，中間那隻還會發光，戴著黑色頭冠，頭髮直豎，面色青白，雙眼炯炯有神，雙手雖然看似人類的手掌，可是每隻指頭都一樣長，彎曲而尖銳的指尖好像猛禽的爪子，雙腳有如鴕鳥，尾巴長長的好像驢子。他的聲音很恐怖，沒有抑揚頓挫，表情凝重彷彿憂鬱症患者。此外，公山羊在屁股底下還有另外一張人臉，參加魔宴的每個女巫都要親吻這張臉。

談到魔宴公山羊，十九世紀魔法師伊利法斯‧利未[*1]畫的《曼德斯的巴弗滅》是相當著名的作品。這幅圖像裡的公山羊擁有女性的乳房，多了雌雄同體的性格，而且額頭還有五芒星的印記。因為這幅圖像的緣故，魔宴的公山羊又多了巴弗滅這個稱呼，不過巴弗滅的相關紀錄最早其實可以追溯到十四世紀。西元1307年，聖殿騎士團因異端、同性戀、偶像崇拜等罪狀遭到告發，當時有兩百名以上的騎士受到教會審問，據說其中就有巴弗滅的崇拜者。關於巴弗滅這個名稱，一般認為是從伊斯蘭教創始者穆罕默德之名的發音演變而來。

魔宴中撒旦的特徵

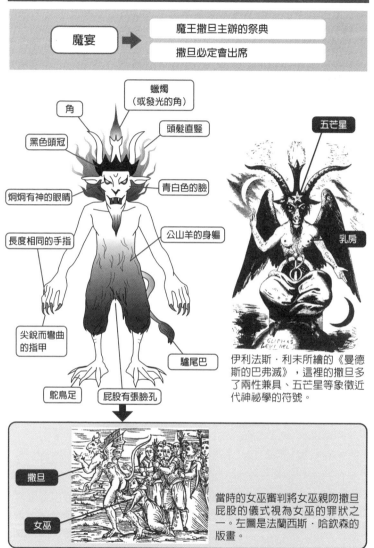

魔宴 → 魔王撒旦主辦的祭典

撒旦必定會出席

蠟燭
（或發光的角）

角

頭髮直豎

黑色頭冠

五芒星

炯炯有神的眼睛

青白色的臉

長度相同的手指

公山羊的身軀

乳房

尖銳而彎曲
的指甲

驢尾巴

鴕鳥足

屁股有張臉孔

伊利法斯‧利末所繪的《曼德斯的巴弗滅》，這裡的撒旦多了兩性兼具、五芒星等象徵近代神祕學的符號。

撒旦

女巫

當時的女巫審判將女巫親吻撒旦屁股的儀式視為女巫的罪狀之一。左圖是法蘭西斯‧哈欽森的版畫。

■用語解說

●曼德斯→此語有公山羊之含意。西元前五世紀的古希臘歷史學家希羅多德[2]曾經記錄埃及的曼德斯市居民對山羊有異常的崇拜行為。

女巫的入會式

Witches Initiation ritual

在魔宴裡當著撒旦面進行女巫的入會式，與惡魔締結契約，是成為女巫的必要條件。

●為了成為女巫的惡魔契約

一般相信女巫的魔宴會為初次參加的新人舉行入會儀式，而這個入會式的意義上就等同於與惡魔簽訂契約。女巫必須與魔王撒旦締結契約、成為他的手下，如此才算是真正的女巫。西元1398年，巴黎大學甚至認可了所有女巫都跟惡魔簽有契約的理論，在那個時代，認為女巫和惡魔簽有契約是相當普遍的觀念。

關於女巫的入會式，女巫和惡魔學家曾提出各種說法。十六世紀的惡魔學家**威廉・珀金斯**就說舉行入會式的時候，女巫會跟撒旦交換用女巫自身鮮血書寫的契約書，也有人說女巫會在締結契約之際親吻撒旦的臀部。

弗朗切斯科・馬利亞・瓜佐所著的《蟲物要覽》（1608）對於女巫入會儀式有以下的敘述：

首先新人女巫要站到撒旦面前否定基督，立誓歸順惡魔，並且在宣誓完成後踐踏十字架、聖母馬利亞像或聖人像。完成後撒旦會給女巫一個新的名字，進行再洗禮，據說再洗禮所使用的都是髒水。接著，撒旦會在女巫的臉上做刮除的動作，象徵刮除施洗聖油，並且否定女巫舊名的命名父母，決定新的命名父母。此時，女巫必須向惡魔貢獻表示服從的印記和衣服碎片，並在地面上畫魔法圓後站在圓圈裡宣誓效忠。在女巫請求撒旦將自己的名字寫進《死亡之書》，約定每年以稚童為祭品獻給惡魔後，撒旦會在女巫全身各處留下女巫之印，同時女巫也必須立誓今後不再行使任何基督教的儀式，答允保守惡魔契約的祕密。

女巫入會儀式的意義

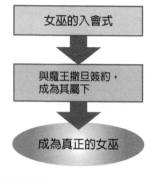

女巫的入會式

↓

與魔王撒旦簽約，
成為其屬下

↓

成為真正的女巫

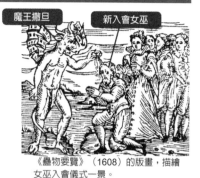

魔王撒旦　　　　新入會女巫

《蠱物要覽》（1608）的版畫，描繪
女巫入會儀式一景。

入會儀式節目流程

① 否定基督教信仰，立誓
歸順撒旦

↓

② 撒旦對入會者施以再洗
禮

↓

③ 刮除施洗聖油

↓

④ 女巫獻上服從的印記以
及衣服部分碎片

⑤ 站在魔法圓裡，立誓服
從惡魔

↓

⑥ 將女巫的名字記入《死
亡之書》

↓

⑦ 承諾以孩童獻給惡魔

↓

⑧ 發誓今後不再行使基督
教的儀式

■用語解說

●威廉‧珀金斯→英格蘭的惡魔學家（1555～1602），清教徒派的佈道師。

●弗朗切斯科‧馬利亞‧瓜佐→十七世紀初葉的托缽修道士。

魔王之印與女巫之印

Devil's Mark & Witch's Mark

每個人身上多少都會有的身體傷痕、雞眼、胎記、痔、疣或者色素沉澱等，在獵女巫時代，全部都會被當成是身為女巫的證據。

●被視為與撒旦簽約證據的身體印記

只要是與撒旦簽有契約的女巫，身體必定會有「魔王之印」與「女巫之印」。

所謂「女巫之印」就是指疣、痔等身體的微小隆起或突出物，它代表多出來的乳頭，而女巫飼養的魔寵便是從這些乳頭吸吮女巫的鮮血。根據十七世紀女巫審判留下來的紀錄有許多相關事例，譬如乳頭差不多跟小指頭一樣大，但長度卻僅有一半的女巫，或是舌尖長出乳頭的女巫以及陰部有兩個乳頭的女巫等。「魔王之印」則是類似農畜身上的烙印，大部分是用爪子或燒燙的鐵在女巫身體留下惡魔的印記，這項論點來自十六、十七世紀的女巫學理論。

女巫之印或魔王之印其實並不稀奇，每個人都可能擁有這些身體特徵，可是在當時卻被看作是身為女巫的證據。所以說，只要一旦被懷疑是女巫，想要否認根本是不可能的事情。

當時認為魔王之印或女巫之印的所在部位毫無知覺，針刺不痛，也不會流血，這項特徵造就獵女巫時代許多女巫搜索人巡迴各地、持針扎刺嫌犯以換得報酬。為了獲得報酬，有些人甚至還會使用藏有機關、針頭碰到身體就會縮回去的假道具。

由於這些印記往往都是位於外觀不易發現的部位，譬如眼皮內、腋下、頭髮或體毛底下、陰部等，審查時勢必得仔細檢查，而嫌犯的頭髮和體毛往往會被剃個精光。

契約的印記

 女巫之印、魔王之印 ➡ 身為女巫的證據

所謂女巫之印	所謂魔王之印

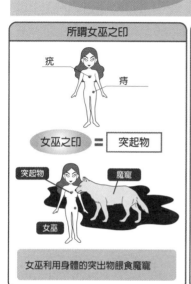

所謂女巫之印

疣

痣

女巫之印 = 突起物

突起物　　魔寵

女巫

女巫利用身體的突出物餵食魔寵

所謂魔王之印

傷痕　　刺青

胎記

色素沉澱

雞眼

魔王之印 = 類似傷痕的痕跡

抓抓

撒旦　　女巫

撒旦用契約之爪在女巫身上留下印記

魔王之印與女巫之印的特徵

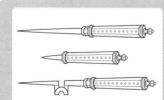

會痛嗎？　　？　　不痛

女巫獵人　　嫌犯

即刻逮捕・火刑

為什麼！

判別女巫使用的針

當時相信女巫之印、魔王之印的所在部位用針刺也不會覺得痛，被懷疑是女巫的人必須經過類似左圖的針刺檢查身體各部位。不過其中亦不乏針頭可向內縮的道具（如中間的針），可誣陷人為女巫。

男夜魔與女夜魔

Incubus & sucubus

過去歐洲人相信男夜魔與女夜魔會分別化作普通的男女，與人類異性發生性關係。

●與人類異性性交的惡魔

十五～十七世紀女巫審判正盛，歐洲人普遍認定女巫與男夜魔、女夜魔有性關係，又或者會操縱男、女夜魔與人類發生性關係。

男夜魔的模樣就像是人類的男性，是會誘惑女性與其性交的惡魔；女夜魔則像普通女性，是會誘惑男性與其性交的惡魔。由於夜魔的性交通常發生在睡夢中，因此二者亦可合稱爲夢魔（Mare或Nightmare）。

男、女夜魔的由來已久，四世紀的教父聖奧古斯丁就曾說過否定男、女夜魔存在是種無恥的行爲。背後的理由很簡單，因爲過著禁慾生活的聖職者和修道士們通常飽受性事所擾，許多基督教的教父甚至認爲對人類女性抱持欲望而從天界墜落的墮天使，後來都變成了男夜魔。

但惡魔乃是墮天使，應該不具有人類的物質性肉體，爲何能夠與人類性交呢？而且，當時還普遍相信男夜魔確實能夠使人類女性懷孕。

基督教對這點多有說明，譬如惡魔會附身於人類體內與他人性交，或者利用某種材料製作肉體後進行性交等。此外，中世紀的偉大學者托馬斯‧阿奎那則說，男夜魔並非以自身精液使女性懷孕，而是先變身成女夜魔形態奪取男性精液，再變回男夜魔與女性交合、使用精液。

女巫與男夜魔女夜魔的關係

    男夜魔 or 女夜魔 ➡ 女巫與男夜魔或女夜魔有性關係

女巫  男夜魔 or 女夜魔 ➡ 女巫操縱男夜魔或女夜魔與他人發生性關係

男夜魔與女夜魔

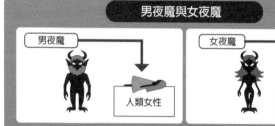

男夜魔是男性模樣的惡魔，會與人類女性交合；女夜魔則是女性模樣的惡魔，會與人類男性交合。

惡魔是如何取得肉體使女性懷孕的？

使用某種材料製作肉體後與人類交合

先變成女夜魔奪取男性精液，然後再變成男夜魔，用奪得的精液使女性懷孕

何謂魔寵？

Familiars

與惡魔締結契約以後，女巫可以得到惡魔所賜與類似小寵物的魔寵，當成自己的爪牙使喚。

●如寵物般侍奉女巫的魔寵

女巫若與惡魔締結契約，便可得到惡魔賜與的低等級小惡魔。此小惡魔又稱「印普」，通常是小型的賞玩動物，專門負責替女巫出計謀、依女巫命令殺人等。

常見的魔寵有狗、貓、山羊、公牛、蟾蜍、貓頭鷹或老鼠等，總之都是隨處可見的動物。另外，雖然魔寵以動物模樣示人，可是仍然有別於變成動物模樣的惡魔。

由於一般認定女巫會飼養魔寵，所以有無魔寵自然便成為女巫審判當中的重要基準；假如女巫嫌疑者飼有貓或狗，那所飼養的動物就會被當成魔寵。不過話說回來，既然魔寵有可能是任何動物，就算嫌犯沒有養貓、狗，蒼蠅、蟑螂也可以被認定為魔寵。

對女巫來說，魔寵似乎真的就是寵物，女巫審判紀錄中便記載著許多女巫飼養複數魔寵，並為其命名的案例。十七世紀的獵女巫受害者伊利莎白・克拉克就曾留下小貓霍特、胖胖的西班牙獵犬賈馬拉、靈猩維涅加、黑兔薩肯修格和鼬鼠紐茲的紀錄。

據說魔寵愛喝人類鮮血，所以女巫會用自己的血餵養，而以鮮血餵養魔寵的部位就是所謂的「女巫之印」，作用等同於比較小的乳頭。人的身體難免會有些痣或疣的異常突起，而在當時擁有「女巫之印」就會被當成是身為女巫的證據。

何謂魔寵

撒旦 魔寵（印普） 女巫

撒旦將魔寵賜與女巫作為契約的交換

魔寵的種類

蒼蠅
貓
狗
牛
山羊
兔子
蟑螂
馬
鳥
老鼠

魔寵大多化作附近可見的動物模樣

女巫獵人馬休・霍普金斯所著《女巫之發現》（1647）扉頁中的插畫，畫中是由他所定罪的女巫伊利莎白・克拉克所飼養的魔寵。

依女巫命令犯下惡行的魔寵

按照女巫命令到處從事各種惡行

・女巫把魔寵當成寵物照顧
・完成命令後以自身鮮血褒獎

女巫的惡行

Maleficia

每當有家畜病死、狂風暴雨、乾旱、失戀或喪失性能力等理由不明的災厄發生，就會被認為是女巫所為。

●無來由的自然災害、災厄皆是女巫所為

女巫不只會對他人的家畜與財產造成損害、使人生病死亡，甚至還能讓男性喪失性能力、讓女性不孕，其他像頭痛或被虱子跳蚤咬這種芝麻綠豆的小事也都是女巫所為，而這些女巫犯下的惡行一律統稱為「Maleficia」。同時，犯下惡行意味著與撒旦簽訂契約，可以證明那人的女巫身分。

女巫的惡行大多都跟農業有密切的關係。例如引來狂風暴雨、惡劣天候，或是使作物枯萎、鄰居家畜染病死亡，所以每當有類似災厄發生卻無明確理由的時候，往往就會歸咎於女巫身上，並且在心存懷疑者進行告發後，由女巫獵人進一步針對可疑人物一併提出檢舉。

歐洲的女巫中固然有純粹只是信奉傳統的豐饒神信仰、亡靈信仰的異教徒，可是壞女巫所占比例卻也不少。以自中世紀開始生產力大幅提升的北歐為例，當地有大半的女巫都會做惡為害，而著名的獵女巫教戰手冊《女巫之鎚》內容亦有許多篇幅是在描述女巫的惡行。

女巫會以各種不同的方法做惡，其中較常見的就屬使用軟膏、藥草或人偶，其中以人偶進行施法屬於古典的交感魔法，遍見於世界各地，有許多女巫審判案件都是使用這種魔法巫術取人性命。其他還有使用咒文、邪視，或者運用著名的魔法道具「光榮之手」。

女巫惡行之種類

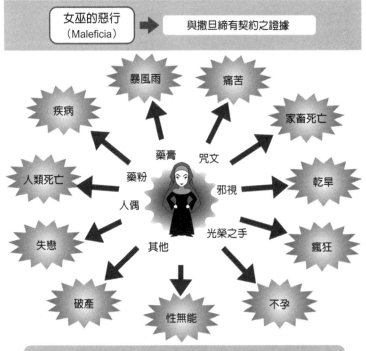

| 女巫的惡行 |
| (Maleficia) |

與撒旦締有契約之證據

暴風雨

痛苦

疾病

家畜死亡

藥膏

咒文

人類死亡

藥粉

乾旱

邪視

人偶

失戀

其他

光榮之手

瘋狂

破產

性無能

不孕

當時相信女巫能藉魔法手段造成各種災厄

♣ 光榮之手

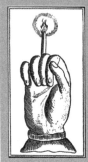

　　「光榮之手」是常見於魔導書的魔法道具，相傳具有使人無法動彈、進入睡眠，或被迷惑等功能。其製作方法如下：趁被判環首死刑者仍然吊在絞刑台的時候把手砍下、用埋葬布裹起來，之後把裡面的血榨乾放進土製容器裡，用硝石、長辣椒醃漬十五天。十五天過後取出曬乾，如果沒辦法完全曬乾，再連同馬鞭草、蕨類一齊放進灶裡烘烤。如此一來「光榮之手」便大功告成，可以在上面插蠟燭使用。

何謂女巫的軟膏？

Witches' ointment

只要將女巫軟膏塗在身體便能騎乘掃帚飛行，或者變身成動物奔馳於原野間。

●女巫的飛行與變身均是幻覺所致

一般相信女巫只要在身體塗抹某種特別的軟膏，便能騎乘掃帚於空中飛行、參加魔宴的雜交派對，或者變身成動物。曾經實際接受女巫審判的眾多女巫當中，也有很多女巫確信自己有過這種體驗，不過十五世紀以後的惡魔學者幾乎一致認為那只是擦上軟膏後的幻覺作用。

惡魔學者讓‧尼諾爾德在《狼化與女巫》（1615）裡寫到，無論力量如何強大，惡魔畢竟不是神，改變不了事物的本質，所以絕對無法使人類變身成動物，也無法將靈魂抽離肉體後再重新將靈魂放回去。既然如此，女巫為何主張自己確實有過如此體驗呢？尼諾爾德認為那是惡魔利用幻覺迷惑女巫感官的緣故。

尼諾爾德還進一步將軟膏分成三個種類。

首先是參加魔宴用的軟膏，能夠創造出充滿幻想的夢境世界。只需將軟膏塗在身體、在床上躺平，精神就能脫離肉體前去參加魔宴。這種軟膏據說是以兒童的脂肪、西洋芹的汁液、烏頭[*1]等物品所製成。

第二種是騎乘掃帚木杖、騰空飛行用的軟膏，尼諾爾德對此類軟膏並無詳細描述，只說它使用顛茄[*2]與貓腦等能夠混亂感覺的藥物，塗抹後惡魔就會將女巫送到空中。

第三種是變身成動物在原野間奔馳的軟膏，據說集合了蟾蜍、蛇、刺蝟、狼、狐狸、人類等生物的鮮血，再摻雜可以混淆思考的藥草、藥根等物質。

女巫軟膏的製作方法

① 參加魔宴用軟膏	② 飛行用軟膏	③ 變身成動物的軟膏
西洋芹的汁液 兒童的脂肪 烏頭 其他	顛茄 貓腦 其他	蟾蜍 刺蝟 蛇 其他

此處描述的是十七世紀的惡魔學家讓‧尼諾爾德所提出的三種軟膏，民間傳說裡還有殺人用的軟膏

女巫軟膏有何效力？

將軟膏塗抹於身體的女巫會在幻覺中參加魔宴，然後誤以為是現實

惡魔附身與女巫

Witchcraft and possession

在過去女巫妄想流行的時代，發生過多起女巫請求撒旦將惡魔送給特定的個人或團體，造成惡魔附身的事件。

●使惡魔潛伏於蘋果中導致附身

所謂惡魔附身，便是指惡魔（抑或惡靈）依附於人、物品或者場所的現象。此現象在相信惡魔存在的世界裡並不罕見，一旦遭遇到原因不明的疾病、瘋狂、混亂、不幸，往往就會認為是惡魔所為。基督教的世界既然已有惡魔存在，自然也會有惡魔附身的事件，這點只要看《新約聖經》便可得知一二。根據聖經記載，那些肉體與精神方面的障礙者皆是遭到惡魔附身，當耶穌或使徒們執行驅魔、將惡魔趕出體外，疾病就會痊癒。

《新約聖經》時代的惡魔張狂放肆，經常發生惡魔附身的事件，而這個情況到了十六、十七世紀的女巫妄想時代依然不變，其中以女子修道院的惡魔最為跋扈囂張，經常有集體附身事件發生。

除此之外，這個時代還出現了前所未見的附身新型態。普通的附身乃是惡魔按照自我意志依附於特定的人身上，但當時卻有以女巫為中間媒介的附身事件。在某人與撒旦締結契約成為女巫後，便會因自身的欲望請求撒旦將惡魔送給特定的人或團體。

進行附身時，女巫會先讓惡魔潛伏於各種物事中，再傳遞給目標對象，其中以食物最為普遍。十七世紀的惡魔學家亨利‧波揆認為蘋果是最適合的物體，能夠在不知不覺中將惡魔送入目標體內，而此法也與惡魔在伊甸園中誘惑亞當、夏娃的手法極為類似。

由女巫引起的惡魔附身新型態

女巫的時代 ＝ 惡魔的時代 ➡ 惡魔附身事件頻頻發生

撒旦 ⬅ 請求 女巫

女巫請求撒旦使惡魔附身於目標人物身上

使惡魔潛伏於葡萄酒、花束、食物等，再送給目標人物。尤以蘋果最為合適。

惡魔從贈物中現身、附身於受害者。

●陸續發生的集體附身事件摘要

年代	事件
1526	里昂的多位修女遭附身。
1550	布拉班特公國[1]維爾泰特的修女們因被鎮上女巫詛咒，紛紛像貓咪般攀上樹木、在空中飄浮。
1554	羅馬孤兒院有八十名孩童遭附身。
1611	普羅旺斯區艾克斯的修女們遭附身，路易·高弗迪神父以女巫罪名遭處刑。
1634	盧丹女子修道院的修女們遭附身，爾班·格朗迪埃神父以女巫罪名遭處刑。也是史上最有名的惡魔附身事件。
1642	盧維埃女子修道院的修女們遭附身，布爾神父以女巫罪名遭處刑。
1656	帕德博恩[2]發生遍及整個主教區的大規模惡魔附身，市長宅邸中的女僕被指為女巫。
1670	荷蘭霍倫[3]的孤兒院院童遭附身。
1692	美國麻薩諸塞州賽倫多西少女遭惡魔附身，共一百四十一人因涉有女巫嫌疑遭逮捕，也是美國唯一一次集體附身事件。

惡魔附身的徵兆

Signs of Demonic possession and obsession

惡魔附身可以分成附著於人體外側的obsession以及侵入人體內部的possession兩種類型。

●遭惡魔附身者的異常舉動

遭惡魔纏身的時候，依附身方式不同可以分成兩個種類：一是惡魔附著於人體外側，英語稱作「obsession」，一是惡魔侵入人體內部，英語作「possession」。

基督教相信惡魔無法進入德高者體內，在這些人身上只可能發生obsession；古代著名的隱士聖安東尼便是個很好的例子，他曾經因為長相極為駭異的怪物與裸女屢屢現身而苦惱。

至於一般人若是遭到附身，則多以possession較為普遍，自古以來類似的事情多不勝數，連《新約聖經》也有描述。譬如《馬可福音》第5章提到的被汙鬼附身者就說：「那人常住在墳塋裡，沒有人能捆住他，就是用鐵鍊也不能；因為人屢次用腳鐐和鐵鍊捆鎖他，鐵鍊竟被他掙斷了，腳鐐也被他弄碎了；總沒有人能制伏他。他晝夜常在墳塋裡和山中喊叫，又用石頭砍自己。」由此可知受惡魔附身者非但力量異於常人，還會無來由的喊叫，甚至傷害自己。

無論如何，懂得判斷是否被惡魔附身都很重要。多位神學家曾經嘗試列舉遭惡魔附身者有何徵兆，而在從前女巫妄想的時代，無論是口說冒瀆話語、猥褻裸露、畏懼聖遺物或聖事、展露奇怪而恐怖的外貌、發出動物般的聲音或動作、發作後失去相關記憶，或是口吐鐵釘、釦子、鐵塊、石頭等異物，都被認為是惡魔附身的徵兆。

惡魔附身的兩種類型

① obsession

惡魔無法進入
聖人體內

惡魔附著於人體外側。經常會產生各種妄想、幻覺。

↓

發生在像聖安東尼這樣的聖人身上

② possession

凡人身體可以
輕易侵入

惡魔入侵體內，不僅會受惡靈所擾，還會出現許多不尋常的舉動。

↓

一般附身大多為此類

惡魔學者所列舉的惡魔附身徵兆

女巫妄想時代的惡魔學者認為遭惡魔附身會有以下徵兆：

- 認為自己被惡魔附身
- 生活不檢點
- 疾病不斷、持續昏睡
- 受惡靈騷擾
- 口吐猥褻或冒瀆的話語
- 猥褻裸露
- 口吐鐵釘、釦子、鐵塊、石頭等異物
- 畏懼聖遺物或聖事
- 露出奇怪而恐怖的外貌
- 發出動物般的聲音或動作
- 變得凶暴、有暴力傾向
- 對生存感到厭倦
- 發作後失去相關記憶

盧丹惡魔附身事件

Loudun Possessions

曾出現惡魔契約書的盧丹惡魔附身事件可謂史上最有名的集體附身案例，但其實背後暗藏著為攻擊格朗迪埃神父的政治陰謀。

●牽連多位惡魔的政治陰謀事件

十七世紀前半**盧丹**市喧騰一時的惡魔附身事件雖然是史上最著名的集體附身案例，背後卻埋藏著政治上的陰謀。

當時盧丹的主任司祭爾班‧格朗迪埃俊美風雅，非但曾經與多位女性發生過關係，而且態度傲慢，為自身引來欲置之死地的敵對勢力。後來便以盧丹的烏爾蘇拉會女子修道院為舞台，發生規模龐大的惡魔附身事件。

這場惡魔附身始於西元1632年10月。三十歲的修道院長珍‧德‧安潔與數名修女遭多名惡魔附身，駭人的尖叫聲與痙攣將修道院鬧得沸沸揚揚，也讓好幾位聖職者與主教前往調查。經過驅魔儀式後，眾人根據德‧安潔的證辭發現附身者是惡魔亞斯她錄，他藏身在盧丹主任司祭爾班‧格朗迪埃神父拋進修道院的那束玫瑰花中，乘機潛入修道院。

儘管如此，盧丹的審判所和醫師們還是做出明智的判斷，認為此事絕非惡魔引起，騷動一度平息，而惡魔也消失無蹤。

可是隔年夏天風波再起，這次連格朗迪埃神父最大的敵人樞機主教黎塞留[*1]都出動了，並且由樞機主教的心腹波爾多高等法院評定官勞勃德蒙負責調查。修道院再次發生大規模的惡魔附身事件，這回驅魔儀式亦更加盛大、彷彿表演秀般公開舉行，引來大批好事者看熱鬧，過程中甚至連格朗迪埃神父與惡魔的契約書（請參照P.132）、與阿斯摩丟斯的契約書（請參照P.024）都被拿出來。1634年8月18日，格朗迪埃就被推上火刑台處刑了。

---

* 黎塞留（Richelieu，1585～1642）：法國路易十三世的大臣，也是黎塞留地方的樞機主教，綽號紅衣主教。

事件概要

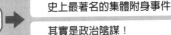

盧丹的惡魔附身 ➡ 史上最著名的集體附身事件

其實是政治陰謀！

遭惡魔附身的修女
珍·德·安潔。

西元1634年格朗迪
埃神父遭處死刑當
時的素描。

附身於修道院長珍·德·安潔的惡魔

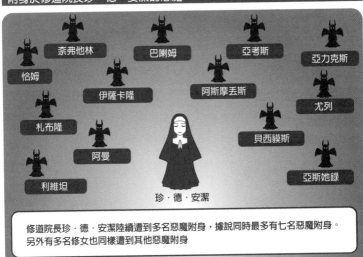

奈弗他林　巴喇姆　亞考斯　亞力克斯

恰姆　伊薩卡隆　阿斯摩丟斯　尤列

札布隆　阿曼　貝西蟆斯　亞斯她錄

利維坦

珍·德·安潔

修道院長珍·德·安潔陸續遭到多名惡魔附身，據說同時最多有七名惡魔附身。
另外有多名修女也同樣遭到其他惡魔附身

■用語解說

●盧丹→位處法國中西部普瓦圖地區平原，是專為黎塞留樞機主教開創的城鎮。

格朗迪埃神父與惡魔的契約書

Written pact with the Devil

在盧丹的惡魔附身事件當中，甚至連惡魔署名的契約書都出現了，還被拿來當作格朗迪埃神父與惡魔簽有契約之證據。

●從主教大人屁股底下出現的惡魔契約書

審理盧丹惡魔附身事件的女巫審判一案當中，盧丹的主任司祭格朗迪埃神父最後被判與惡魔簽定契約罪狀屬實，處以火刑。審理法庭主張格朗迪埃神父透過惡魔契約獲得了地位、名聲與享樂，因此烏爾蘇拉會女子修道院的修女遭多名惡魔附身一事必須歸責於他。

有趣的是日後審理庭作為判決依據的關鍵物證，也就是格朗迪埃神父與惡魔締結的契約書。惡魔契約向來是女巫審判中的重要論點，可是除了盧丹惡魔附身事件以外從來不曾有過實際案例。

這份契約書出現於西元1634年5月17日，當時正在舉行驅魔儀式，出現地點則是事發修道院東北方的聖科瓦教會，周圍還有大批民眾圍觀。

當時自女子修道院院長珍‧德‧安潔身體上顯露出來的惡魔是利維坦，驅魔儀式正好進行到搜尋契約書的階段，驅魔師遂命令利維坦取出契約書。由於利維坦拒絕合作，於是儀式負責人普瓦捷主教洛施波塞遂命人用「**聖體**」塞住德‧安潔的嘴。驅魔師照辦後，聽見利維坦彷彿好不容易擠出聲音般呻吟說：「找找那裡……那位大人的下面……主教大人。」

洛施波塞聞言立刻從矮凳站起身，發現僧衣下有包用紙裹住的東西，打開後裡面竟是一個沾血的信封，而信封內裝的正是契約書。

契約書概要

格朗迪埃神父被判
有罪的決定性證據 ➡ 發現惡魔的契約書！

在盧丹惡魔附身事件發現的惡魔契約書分成兩個部分，第一部分寫有格朗迪埃神父署名的效忠宣誓，第二部分則是記錄衆惡魔承認神父的忠誠，而且還有惡魔的署名。其中第二部分契約書是以拉丁語寫成，而且還是由右向左書寫的顛倒文字，因為惡魔是與基督教恰恰相反的存在。左圖是第二部分的契約書，大意如下。

我等，全能的路西法與其從屬撒旦、別西卜、利維坦、埃力米、亞斯她錄及其他，今日收受黨徒爾班‧格朗迪埃締結之同盟契約。我等將賜與此人女性情愛、處女之花、修道女的純潔、世俗的榮譽、快樂與財富。此人每三日都要行姦淫事，酩酊將要屬於他，而他每年將以自身鮮血爲貢物。憑此契約之力，他將在地上享受二十年的幸福，並因詛咒神而得以來到我等身邊。

於地獄，惡魔議會
【惡魔的署名】
撒旦、別西卜、路西法、
埃力米、利維坦、亞斯她錄。
茲以惡魔之首、我主、地獄諸侯之署名爲印認證。
副署、記錄者巴力比利土。

（摘自《惡魔學大家》松田和也譯／青土社出版）

■用語解說

●聖體→即經過聖別的麵包。天主教會等宗教有在彌撒中把聖別的麵包當成基督身體食用的習慣。

驅魔

Exorcism

所謂驅魔就是將危害某人或某個地方的靈，藉由力量更強大的靈
——耶穌基督聖靈之力進行驅趕的行為。

●以耶穌之名驅趕惡魔

所謂驅魔（Exorcism）就是指將惡魔驅趕出所依附之人、物品或場所的行為。正如《新約聖經》所記載，耶穌及其弟子們曾多次行使驅魔，可見驅魔早自基督教創始之初便已存在。

初期的驅魔行為非常單純。以耶穌為例，只需對惡魔命令「出去」，因為耶穌的權威就等同於神；若是耶穌的弟子，則只要命令「以耶穌之名，出去」即可，重點就在於憑藉耶穌基督的權威命令惡魔。《路加福音》第10章描寫被耶穌派遣到各地的七十二位弟子回來後曾經說過：「主啊！因你的名，就是鬼也服了我們。」這點是至關重要的。反過來說，無論是何等聖人，除非憑藉耶穌之名否則無法擊退惡魔。總之，當時的基督教徒任誰都有能力可以行使驅魔。

然而隨著驅魔儀式的形式化，開始出現唱誦耶穌之名的連禱或祈禱、祭司將手掌置於接受聖事儀式者頭頂的按手禮[*1]、敷施聖油等驅魔方法。其次，基督教還在三世紀的時候另外設置了驅魔師（Exorist）這個專門行使驅魔的階級。到了女巫妄想氾濫蔓延的十五～十七世紀，驅魔的儀式甚至已經演變成帶有戲劇性質、表演性質的儀式，擁有向一般基督教徒昭示上帝力量遠勝於惡魔的教育意義。

不過無論是哪個時期，驅魔的本質仍是向耶穌基督祈禱。因為所謂的驅魔其實就是借用比作崇靈體更強大的靈＝耶穌聖靈的力量，將惡魔驅趕出所占據之人體或場所的行為。

[*1] 按手禮（Imposition of hands）：一種宗教禮儀。據希伯來《聖經》記載有三種含義：祝聖、傳遞神恩及認同。

[*2] 加利利（Galilee）：古代巴勒斯坦最北部地區，相當於現今以色列北部。

驅魔的原理

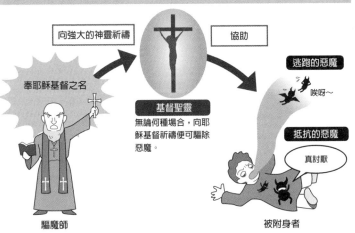

？ 所謂驅魔 ➡ 將惡魔驅逐出所占據之人、物、地的儀式

早自基督教創始之初便已存在

向強大的神靈祈禱　　協助

奉耶穌基督之名

基督聖靈
無論何種場合,向耶穌基督祈禱便可驅除惡魔。

逃跑的惡魔
唉呀～

抵抗的惡魔
真討厭

驅魔師　　　　　　　被附身者

耶穌驅魔

遭驅逐的惡魔

耶穌

遭惡魔附身的人

豬

此為十四世紀《何肯聖經繪本》當中的圖畫,描繪《路加福音書》第8章中耶穌驅魔的場景。根據聖經故事記載,當時耶穌在加利利。附近格拉森人的領土替遭汙鬼附身者進行驅魔,眾惡靈從那人體內竄逃到山上的豬隻裡面,後來那群豬闖下山崖、投在湖裡淹死了。

驅魔的儀式書

The Roman Ritual (Rituale Romanum)

天主教教會於女巫全盛時期的西元1614年頒布了《羅馬典禮制定書》，書中正式制定驅魔相關注意事項以及程序。

● 《羅馬典禮制定書》裡的驅魔至今仍然有效

西元1614年可謂正值女巫妄想的全盛時期，那年羅馬天主教教會頒布了《羅馬典禮制定書》。所謂典禮指的雖然是彌撒等教會共同行使的儀式，不過這部制定書對驅魔的規則也有詳細的規定。

由於民眾大多對惡魔過於畏懼，並且習慣把所有問題歸咎於惡魔，經常舉行驅魔儀式，所以遭遇到許多問題。而《羅馬典禮制定書》刊行的目的就是要闡明這些問題的應對方式、驅魔時的注意事項與理想程序。

以惡魔的依附現象爲例，書中提到不可輕易相信人類遭惡魔依附，必須將精神病與附身現象區隔開來。此外，由於驅魔的時候惡魔會借用遭附身者的嘴巴發言，驅魔師與惡魔之間可以進行對話，關於這點制定書亦提出了警告。就算惡魔無所不知，也不可以提出無聊的問題，因爲的確有驅魔師曾詢問惡魔未來的事情或聖經之謎。還有，惡魔不但喜歡說謊，有時甚至會裝得好像已經離開附身者，驅魔師必須提高警覺。書中主張跟惡魔對話時得觀察他們畏懼的辭句，如果碰上惡魔抵抗的情形應該重複多講幾次，盡量加以懲罰。如果有必要的話，即使儀式長達好幾個鐘頭也要繼續下去。

時至今日，《羅馬典禮制定書》當中的驅魔相關項目始終維持當時的形式，而且仍舊有效。天主教教會亦存在著許多官方驅魔師，至今仍努力進行驅魔活動。

---

*1 白罩衣（Surplice）：天主教以及基督教安立甘宗、信義宗或其他新教教派的神職人員、裏禮員、唱詩班領唱人等在禮拜時穿在外面的禮服。
*2 聖帶（Stola）：基督教牧師、神父等在舉行禮拜儀式時披的一件衣飾，不同的節期會有不同顏色的聖帶佩帶。

驅魔的注意事項

| 羅馬典禮制定書
（1614） | ➡ | 規定驅魔的規則 |

 注意右列事項！

不可輕易相信他人遭到惡魔附身

就算惡魔無所不知，也不可以探問出於個人興趣的問題

惡魔會說謊，得提高警覺

事先記住惡魔討厭的語句，可以用來懲罰惡魔

惡魔

宿主　　驅魔師

驅魔之基本事項

《羅馬典禮制定書》制定了以下的驅魔程序。

> 祭司執行驅魔時會穿戴白罩衣*¹與聖帶*²，將另一端套在宿主（遭惡魔附身者）的脖子。如果宿主躁動起來便可以此捆縛，還要向參與集會者灑聖水

① 連禱

祭司與聖歌隊以交互歌唱的形式進行祈禱。

② 朗誦詩篇片段

③ 詠嘆上帝的恩寵

④ 勸告惡魔

命令惡魔從宿主身軀撤退的日期時間。

⑤ 朗誦福音書片段

⑥ 第一次驅魔

⑦ 第二次驅魔

⑧ 第三次驅魔

⑥⑦⑧以耶穌之名命令惡魔離開，滔滔講述惡魔是何等低劣、不及上帝。

⑨ 最後的祈禱

馬丁路德與惡魔

　　獵女巫的時代剛好是宗教改革的時代。宗教改革之目的在於洗淨羅馬教會於漫長歷史中累積下來的雜質，當時的教會已經成為巨大的權力機構，在各方面都有矛盾之處，充斥著與聖經毫無關係的慣例與教義，並且認為唯有服從教會的指導才算是信仰上帝。為改變當時的狀況，宗教改革強調要回歸聖經本身，訴諸個人直接信仰上帝之重要性。雖然這項改革使得新教從羅馬教會（天主教）分離出來，卻是歐洲史上堪與文藝復興相提並論的一大步，不過儘管如此，獵女巫風暴並未就此結束。光就相信惡魔存在這點，新教徒的狂熱程度絲毫不亞於天主教徒。

　　就連宗教改革的核心人物──德國的馬丁路德（1483～1546），也很天真地相信惡魔存在。

　　致力於回歸聖經教示的馬丁路德在聖經的字裡行間發現惡魔的蹤影，不過惡魔其實不只存在於聖經，他在現實生活中也頻頻遭受惡魔的攻擊，這一切全都被他詳細記載在《惡魔書》（Teufelsbuhl）裡。其中一則較有名的故事據說發生在路德停留瓦特堡*期間，惡魔在他翻譯德文聖經時突然出現，把胡桃撒得滿地都是，氣得路德抓起墨水瓶朝惡魔砸去，據說那時的墨漬至今還留在瓦特堡的牆上。

　　路德常與親近的朋友圍著餐桌談論各種事情，這些數量龐大的語錄後來由其弟子彙整成《桌邊談義》，從這本書也可看出路德有多麼畏懼惡魔、多麼憎恨女巫。路德主張一切不幸均是惡魔造成，法律家若遭惡魔侵襲就會做出不公正的判決，皇帝受惡魔入侵就會引來戰爭。另外，路德還說惡魔在諸國都有住處，甚至舉出具體的地名，而女巫根本就不值得同情，應當全部處以火刑。

　　既然路德本人都抱持這種態度，路德主義信徒自然也不在話下。西元1568年，法蘭克福的書籍商人齊格蒙‧費若本便將路德主義信徒撰寫的多本惡魔書籍彙集成一冊刊行，題名為《惡魔劇場》，所有與惡魔相關的問題幾乎都收錄其中。惡魔總共有2兆6658億6674萬6664名的主張據說也是出自此書。

---

* 瓦特堡（Wartburg）：德國歷史及傳說上的著名城堡，位於德國圖林根州愛森納赫市附近的陡山上。這座城堡於1999年時被聯合國教科文組織列屬世界遺產保護區。

第 5 章

魔導書惡魔學

何謂魔導書？

Grimoire

所謂魔導書就是指記載如何單方面驅使惡魔或神靈的魔法書籍，可以避免傳統的「惡魔契約」帶來的危險性。

●使惡魔服從以實現欲望

所謂魔導書就是教人如何透過祈禱、對話或威嚇來操縱惡魔、天使及各種神靈，以達成自身欲望的魔法書籍。書中記載著操縱靈體的魔法圓、印章、印記、魔法杖等相關道具的製作方法，以及大量的咒語咒文。除了內容十分詭異，書名也是如此，譬如：《所羅門之鑰》、《大奧義書》、《教皇洪諾留的魔導書》等，給人一種古老的感覺，好像歐洲中世紀的魔法師們都曾私下參考這些魔導書籍。

然而，許多人對魔導書的印象卻有幾個相當大的誤解。

首先，魔導書絕對不是如我們所想像那般古老的產物，至少現存的魔導書都是如此。魔導書流行於十七、十八世紀的歐洲，著名的作品幾乎都是在那個時代下所寫成。當時獵女巫盛行，用來操縱惡魔的魔導書需求自然也比較大，況且如果惡魔力量過於強大，出現與其向神祈禱倒不如拜託惡魔比較快的想法也不足為奇。當然，現存魔導書的內容也有可能包含自古流傳下來的記述，不過真相究竟如何已經無從而知。

此外，由於魔導書之目的在於驅使惡魔實現自我欲望，看起來好像跟傳統的「惡魔契約」相同，但其實也是個很大的誤解，因為使用魔導書並不會去做像與惡魔簽約那麼危險的事情。由此可知，所謂的魔導書便是指記載不必冒太大風險，就能完全單方面使喚惡魔以達成自我欲望方法的書冊。

魔導書的特徵

? 所謂的魔導書 ➡ 用於驅使惡魔或神靈的魔法書籍

其特徵有？

這麼多啊！

魔法圓・魔法道具・咒文等豐富內容

魔法圓 ▼　◀印章　▼魔法杖　▼五線形　▼五芒星　印記 ▲

有許多詭異而奇怪的書名

《所羅門王之鑰》《所羅門王的小鑰匙》
《教皇洪諾留的魔導書》《大奧義書》
《摩西第六、七書》《阿爾馬岱的魔導書》
《亞伯拉梅林的神聖魔法書》

族繁不及備載

哪裡被誤解了？

魔導書其實並非那麼古老的作品

大部分著名魔導書成書於十七、十八世紀的西歐，此後開始流行。另一方面，活版印刷十五世紀就發明了，所以魔導書是以印刷品的形式流通而非手抄本。

有別於傳統的「惡魔契約」！

傳統的「惡魔契約」會使靈魂被剝奪，危險性高。魔導書並不會締結如此危險的契約。

所羅門王與惡魔的傳說

Demons in "The Testament of Solomon"

根據《所羅門王的遺言》記載，從前所羅門王因天使米迦勒賜與神的戒指，得以任意驅使惡魔、建立神殿。

●驅使惡魔建造神殿的所羅門王

所羅門王跟魔法、惡魔的關係匪淺，這點從《所羅門王之鑰》等著名魔導書紛紛以其名號爲題便可見一斑。

以色列王國第三代國王所羅門（西元前965～前925年在位）是大衛王之子，以建造豪華雄壯的神殿宮殿，並創造出以色列王國最鼎盛的時期而聞名。《舊約聖經》說他是獲得上帝賜與智慧與見識的智者，當中的**《智慧篇》**也有《所羅門智訓》的別稱。但根據《列王紀上》記載，所羅門王娶了好幾名異國的妻子，而且還祭祀異教的神明。

這些歷史記載後來漸漸衍生出所羅門王驅使惡魔的傳說，譬如在中世紀之前一直被奉爲魔法與惡魔相關知識寶庫的《所羅門王的遺言》（一～三世紀）便是這樣的作品。故事提到從前所羅門王建造神殿的時候，有惡魔附身在一名少年工人身上，所羅門王爲此向上帝祈禱。後來天使米迦勒現身，賜給他一只能夠用來號令惡魔、刻著上帝印記五芒星的戒指，所羅門王便靠著這枚戒指將附身於少年的惡魔收爲部屬，還將魔界之王別西卜、阿斯摩丟斯與三十六區的惡魔也都收於麾下，並且運用這些惡魔的力量，終於完成了極爲困難的神殿建築。

伊斯蘭教的聖經可蘭經（七世紀）亦收錄暗示所羅門王與惡魔關係的故事。根據該則故事記載，所羅門王曾經得到眞神賜與特別的力量，非但可以聽懂動物的聲音，還能一聲令下就使精靈、人類、動物依自己號令而行。相傳從前希巴[*1]女王來訪的時候，所羅門王便曾經命令一個妖精在瞬間將女王的寶座從她的祖國（應是位於南阿拉伯）搬到面前。

誰是所羅門王？

所羅門王

建立王國的鼎盛時期

得上帝賜與智慧與見識

祭祀異教神明

十五世紀《彼列的審判》插畫，左邊便是
所羅門王。

衍生出所羅門王曾驅使惡魔的傳說

《所羅門王的遺言》中的三十六區惡魔[*2]

1	盧阿克斯	13	弗波忒	25	阿納特列特
2	巴沙費	14	庫梅亞忒	26	耶納烏他
3	阿托薩耶	15	雷洛耶	27	飛多
4	尤達爾	16	亞特拉克斯	28	哈帕克斯
5	未記載	17	葉洛帕	29	阿諾斯特
6	史芬多納耶	18	布都蔑克	30	阿勒波
7	史番多	19	納歐多	31	赫非希米列
8	貝貝	20	馬岱爾	32	伊可希翁
9	庫塔耶	21	阿拉多	33	阿空涅歐
10	滅它夏克斯	22	未記載	34	奧多希
11	迦泰尼科塔耶	23	涅弗薩達	35	弗賽諾特
12	薩法索拉耶	24	阿頓	36	畢亞納基

■用語解說

● 《智慧篇》→天主教、希臘正教將其視為《舊約聖經》正典之一。

● 區→占星術將天球上的黃道每三十度分成十二等分，稱為宮；每十度分成三十六
等分，稱為區。

《摩西第六、七書》

The Sixth and Seventh Books of Moses

相傳古代以色列的英雄摩西得上帝賜與知識寫下十部書，這十部書就是《舊約聖經》開頭的五部，以及另外五部被隱藏起來的魔導書。

● 冠上《舊約聖經》英雄摩西名號的偽書

　　《摩西第六、七書》是部祕密流傳於十八世紀德國及周圍地區，廣受歡迎的魔導書。

　　《舊約聖經》開頭的五部書（《創世記》、《出埃及記》、《利未記》、《民數記》、《申命記》）合稱為摩西五書。摩西是古以色列的英雄，相傳他在得到上帝傳授知識以後寫下了這五部書，而《出埃及記》亦寫到摩西曾經引發許多不可思議的神奇現象，其中尤以紅海在摩西面前一分為二，讓受困埃及、被當成奴隸的以色列人順利通過紅海的故事最為有名。猶太教與基督教認為這並非魔法而是奇蹟，因為此事不是精靈或惡魔所為，而是神力所致，可是對一般民眾來說，奇蹟和魔法並沒有什麼分別。

　　於是後來遂有以下傳說：摩西得到上帝傳授知識後，寫下的其實不只摩西五書。摩西曾得上帝傳授十誡，所以他留下的作品數目應該共有十部，其中第一至五書便是《舊約聖經》開頭的五部作品，而第六至十書據說是魔導書。這個傳言由來已久，早在四世紀以莎草紙書寫的魔導書便已發現有關未公開的摩西八書相關記述。

　　《摩西第六、七書》就是由聽聞摩西八書傳說者於十七世紀前後所著，後來甚至還有《摩西第八、九、十書》問世。儘管這些作品的成書過程已無從得知，不過一般認為是猶太教神祕主義喀巴拉通俗化的產物。《摩西第六、七書》記載的是如何使天使、自然界精靈、惡魔等服從，藉以實現各種願望的方法。

《摩西第六、七書》的傳說

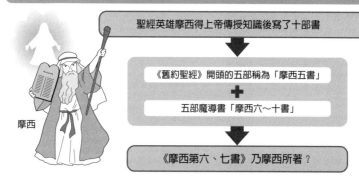

| 摩西第六、七書 | ➡ | 十八世紀德國的魔導書 |
| | | 《舊約聖經》英雄摩西所著？ |

聖經英雄摩西得上帝傳授知識後寫了十部書

《舊約聖經》開頭的五部稱為「摩西五書」
+
五部魔導書「摩西六～十書」

《摩西第六、七書》乃摩西所著？

摩西

《摩西第六、七書》的魔法

| 摩西第六、七書 | ➡ | 壓倒天使、精靈、惡魔使其服從自己 |

> 舉例來說，《摩西第七書》說到如果想讓墮天使的同伴──精靈的偉大七王子當中的阿尼庫葉服從自己，就要使用以下的魔法圓與印記

召喚之魔法圓

施術者須站在以白色幼鴿鮮血書寫羊皮紙而成的魔法圓中，以週一晚上為例，施術者要在十一點～三點間，從詩篇第九十一篇開始依序進行儀式。

阿尼庫葉的印記

阿尼庫葉是位會應施術者希望帶來寶物與名譽的精靈，現身時會化作伊甸園那隻蛇的模樣。此印記以蝴蝶血書寫於羊皮紙上，持此印記向阿尼庫葉唱誦正確咒語，就能使惡魔服從自己。

《所羅門王之鑰》

The Key of Solomon the King

對後世魔導書留下莫大影響的《所羅門王之鑰》，其中記載的魔法不僅能號令惡魔，更是足以驅動所有神靈的偉大魔法。

●不僅限於惡魔而以所有神靈為對象的魔導書

《所羅門王之鑰》（或稱《所羅門王的大鑰匙》）是史上最重要的魔導書之一，歐洲各國語言都有譯本，然而成書頂多只能追溯到十四、十五世紀間。書中記載此書是所羅門王為其子所著，不過這個說法似乎並不符合現實。

後世所著《所羅門王的小鑰匙》（又稱《雷蒙蓋頓》）內容提及所羅門王的72惡魔，但在《所羅門王之鑰》並無類似記載。《所羅門王之鑰》認為魔法基本上是神力所致，乃是透過向神祈禱來驅動神靈，而世界上存在許多神靈，彼此各司其職。舉例來說，當時認為宇宙分成第一天到第十天，每個層級均由複數神靈掌管，而四大元素也都各有不同神靈負責，甚至每一個人也都會被分配到自己專屬的神靈。

那麼，該如何去驅動這些神靈呢？書中詳細記載了執行魔法所需道具材料、適合施行占星術的時間、各種符籙（護身符與驅魔符）、符號以及咒語等相關事項。

此書共分兩卷，第一卷是具體的施術方法，如：「尋找遭盜竊物品」、「隱藏身形」、「從賢者身上獲得想要的知識」、「成為神靈所擁財寶之所有者」、「獲得他人的好感和愛」的方法，以及所需護符等記載。第二卷則講述施術前的準備作業，亦即施術時的注意事項、如何淨身、如何獻祭品、如何製作道具等。

最著名的魔導書

所羅門王之鑰	➡	最重要的魔導書！
		所羅門王為其子所著？
		其實成書於十四、十五世紀
		附錄收錄大量符錄

《所羅門王之鑰》魔法的原理

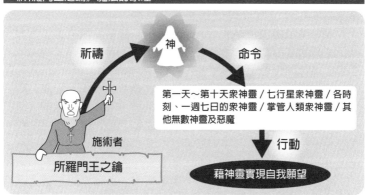

祈禱　　　神　　　命令

第一天～第十天眾神靈／七行星眾神靈／各時刻、一週七日的眾神靈／掌管人類眾神靈／其他無數神靈及惡魔

施術者

所羅門王之鑰

行動

藉神靈實現自我願望

《所羅門王之鑰》的魔法是藉神的力量驅動各種神靈，進而實現自己的願望，附錄收錄了施術所需符錄等大量圖版！

木星第四符錄

以白銀雕刻的符錄，用於木星每十二年一次進入巨蟹宮之日。能夠帶來莫大的財富與名譽。

火星第五符錄

此符錄擁有極強大防禦效能，不管與什麼樣的敵人戰鬥都不會受傷，敵人揮舞的武器還會對自己造成反傷。

《所羅門王的小鑰匙》

The Lesser Key of Solomon the King

所羅門王操縱位於地獄王國上層的72惡魔，藉以實現自身願望的魔法祕密，都藏在這部魔導書之中。

●記載所羅門王72惡魔最重要的魔導書

別名《雷蒙蓋頓》的《所羅門王的小鑰匙》為成書於十七世紀法國的魔導書。書中雖指為所羅門王所著，不過此說法似乎與現實有很大差距。

這本書在眾多魔導書當中之所以特別有名，那是因為名為〈哥耶提雅〉的第一章裡面記載了在地獄王國裡擔任高等職位的72個靈，也就是鼎鼎大名的所羅門王72惡魔，並且對每一位惡魔的地位、能力、召喚方法等都有詳細說明（相關資料請參照書末附錄）。

就整體來說，這本書並非惡魔的專書，第二章講述各方位神靈，第三章是掌管晝夜以及黃道十二宮的天使，第四章則是關於天空高處四個寶座上的神靈。

不過第一章〈哥耶提雅〉在整部作品舉足輕重卻是不爭的事實，甚至還有傳言懷疑《所羅門王的小鑰匙》初成書時僅有〈哥耶提雅〉一章，其他部分是後來追加進去的。據說約翰‧韋爾所創作的《惡魔的偽王國》（1577年）曾參考某份資料，因此亦有說法認為〈哥耶提雅〉的部分內容至少在那個時代便已經存在了。

所羅門王與72惡魔還有下面這麼一則傳說。許多人都聽說過所羅門王號令惡魔的故事，最後他將72惡魔及其麾下的惡魔軍團全數封印於黃銅材質的壺裡，並且把銅壺丟進了極深的湖中。許久以後巴比倫人發現這只銅壺，以為壺裡裝有寶物揭開壺蓋，讓壺裡的惡魔重獲自由、各自回到了原來的地方，因此召喚眾惡魔以實現自身願望的魔法才被寫成了《所羅門王的小鑰匙》。

以所羅門王72惡魔而聞名的作品

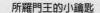 所羅門王的小鑰匙 雷蒙蓋頓

→ 據傳乃所羅門王所著？

實則成書於十七世紀的法國

第一章〈哥耶提雅〉記載了著名的72惡魔

《所羅門王的小鑰匙》結構

所羅門王的小鑰匙

內容如下：

第一章 哥耶提雅

講述72惡魔各自的地位、職務、能力外，並記載用來召喚惡魔的魔法圓製作方法，以及號令各惡魔所需印記、咒語等

①

②

附帶說明：
①是所羅門王驅使72惡魔以後將其收於其中的黃銅壺。②則是將其封印的黃銅印章

第二章 召魔之書

操縱基本方位諸神靈與地獄之靈這些善惡諸神靈的魔法之書

第三章 保羅之書

操縱掌管晝夜時間與黃道十二宮天使的魔法之書

第四章 降神之書

各種護符製作方法以及操縱天空高處四寶座神靈的魔法之書

第五章 聖導之書

彙集所羅門王實際使用過的禱辭

何謂魔法圓？

Magic circle

魔法圓是供施術者召喚惡魔時站在圓圈中、保護自身免受惡魔侵害的陣形，繪製時必須周到完全，不可有缺漏或模糊不清之處。

●安全召喚惡魔的防護圓陣

　　所謂魔法圓就是供召喚惡魔的施術者站立其中、免於惡魔攻擊的保護圓陣，此外也有些魔法圓是召喚惡魔現身於圓心，藉以禁錮惡魔。基本上，魔法圓上都有雙層的同心圓，惡魔無法越過這個圓形的界線。

　　雖然魔法圓直到魔導書時代才變得重要，不過自古以來圓形便有其特殊意義。除了流傳著在病人或孕婦身邊畫圓防止惡靈的習俗外，亦有挖掘曼陀羅根*時，必須在周圍畫下三層的同心圓的說法。圓是完整無缺的形狀，其內部自然成為了靈學上特別神聖的場所。

　　魔法圓可以用經過聖別的小刀、筆或者石頭等物直接畫在地板或地面，也可以畫在牛犢皮上，有時甚至會用細繩圍成魔法圓的形狀。無論使用何種方法，總之魔法圓一定要完整，因為倘若有缺口或是筆畫不清，惡魔就能從該處穿過魔法圓。

　　魔法圓中有時會另外繪製五芒星、六芒星以及其他各種圖形模樣，或是書寫希伯來語、拉丁語、希臘語等特殊的文字，其中尤以阿多奈、泰特拉格拉瑪頓等與神有關的文字最為常見。阿多奈是「我主」之意，而泰特拉格拉瑪頓指的則是象徵唯一神耶和華（YHWH）的神聖四字母。

　　以《所羅門王的小鑰匙》所載魔法圓為例，除了一般供施術者站在裡面的魔法圓以外，書中還附有能使惡魔從中現身的魔法三角形。除此以外，書中從魔法圓的大小、使用何種顏色繪製，到如何排列等都有詳細規定，只要按照指示照做就可以了。

---

* 曼陀羅根（Mandragora）：根部末端分叉為兩股的植物，相傳是死刑犯瀕死前流出的精液滋生而成，根部會長成人形。據說根部遭拔出時會發出慘叫，聽見慘叫者就會死亡。

保護施術者免受惡魔侵襲的圓

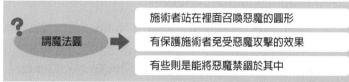

謂魔法圓 ➡ 施術者站在裡面召喚惡魔的圓形

有保護施術者免受惡魔攻擊的效果

有些則是能將惡魔禁錮於其中

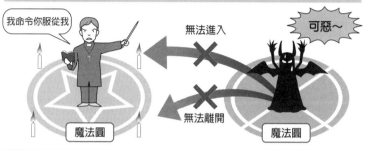

我命令你服從我

無法進入

可惡～

魔法圓

無法離開

魔法圓

《所羅門王的小鑰匙》所載魔法圓與魔法三角形

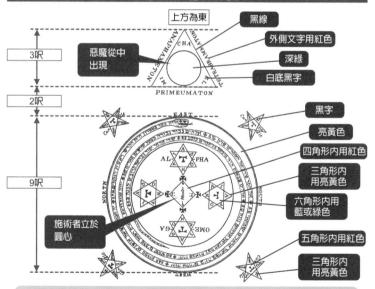

上方為東

惡魔從中出現

3呎

黑線

外側文字用紅色

深綠

白底黑字

PRIMEUMATON

2呎

9呎

EAST

施術者立於圓心

ALPHA

OMEGA

NORTH

黑字

亮黃色

四角形內用紅色

三角形內用亮黃色

六角形內用藍或綠色

五角形內用紅色

三角形內用亮黃色

《所羅門王的小鑰匙》（雷蒙蓋頓）所載魔法圓，分成施術者站的圓形與惡魔現身的三角形。須遵守上方朝東的前提，按圖形、文字、顏色等各種規定繪製

各種魔法道具

Magic items

從五芒星、六芒星、印記、魔法杖，到製作這些魔法道具的小刀、筆等，魔法道具可謂是形形色色、五花八門。

●操縱惡魔的魔法道具種類繁多

除了魔法圓外，魔導書還記載著各式各樣的魔法道具。

常見的有五芒星（Pentagram）、六芒星（Hexagram）、印記（Sigil）、護符（Talisman）與魔法杖等。

五芒星是共有五個頂點的星形，六芒星則是共有六個頂點的星形，尤其以所羅門王的五芒星、六芒星更是赫赫有名。根據《所羅門王的小鑰匙》記載，所羅門王會在衣服下襬處放置用牛犢皮製作的六芒星，如此便能將現身的惡魔變成人類模樣，使其服從自己。五芒星則是以金銀製成，別在胸前用來迴避危險。

印記是組合特殊符號與幾何學圖案而成的圖形，每一種印記各自對應不同的願望或惡魔，據說書寫在小牛皮、某種金屬或其他合適材質上，再搭配儀式便能發揮效果，所羅門王的72惡魔印記及其中圖形便是最顯而易見的例子。而護符就是護身符，只不過施法用的護符效能更為主動，擁有獲得女性愛情之類的力量。

魔法杖（棒）也是很重要的武器。自古以來，魔法杖規定以榛樹樹枝製作，惡魔在魔法杖之前不得不聽從號令。此外，由於惡魔會從爐火的焚煙裡出現，爐煙及使用的芳香也是很重要的魔法道具。

製作上述各種魔法道具所用的小刀、劍或筆等道具，同樣亦屬魔法道具之列。魔導書裡也有記載這些道具的製作方法，基本上製作道具和材料都要用全新的，並且施以聖別儀式。

魔法專用道具

魔法道具	➡	除魔法圓以外還有各種魔法道具
		製作道具與材料也都有詳細規定

特別著名的道具

所羅門王的五芒星。以金銀製作別於胸前即可迴避危險。

所羅門王的六芒星。以小牛皮製作放置在衣服下襬使惡魔服從。

其他魔法道具

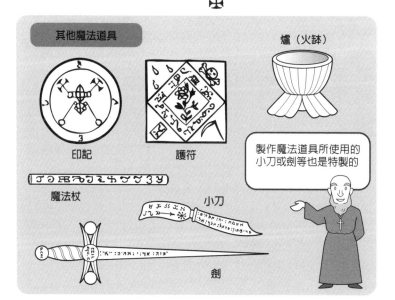

爐（火鉢）

印記

護符

製作魔法道具所使用的小刀或劍等也是特製的

魔法杖

小刀

劍

《教皇洪諾留的魔導書》

The Grimoire of Pope Honorius

《教皇洪諾留的魔導書》以將黑公雞挖眼、割舌、剜心的活祭儀式而聞名，是部惡名昭彰的魔導書。

● 傳為魔法師的羅馬教皇所著魔導書？

　　《教皇洪諾留的魔導書》為《所羅門王之鑰》系列魔導書，其中記載的儀式相當極端，甚至可以用邪惡來形容。這部作品介紹了黑暗精靈的召喚方法，不過在召喚的前置準備階段必須以黑公雞執行活祭，並取出眼球、舌頭與心臟磨成粉末撒在羊皮紙上，有許多血腥的殘酷行為。在此之後施術者必須進行為期三天的斷食，並以連禱形式朗誦詩篇數節，再按規定手法使用所羅門王的魔法圓或五芒星進行祈禱，同時以指定的魔法圓等陣形召喚東西南北四方之王，或者一週各日的惡魔。根據這本書記載，四方之王分別是東方之王瑪撾亞、南方之王埃吉姆、西方之王派蒙和北方之王亞邁蒙，一週各日的惡魔則是週一路西法、週二弗利莫斯特、週三亞斯她錄、週四席爾卡迪、週五貝卡德、週六古藍朵和週日史爾加特。

　　一般認為《教皇洪諾留的魔導書》的作者是十三世紀初的羅馬教皇，也就是傳說為魔法師的洪諾留三世，不過事實上這本書是在十七世紀後半出版，並且在巴黎的魔法師之間廣為流傳。

　　《教皇洪諾留的魔導書》的名稱似乎是取自於更加古老的《洪諾留的誓約書》一書。有紀錄指出，這本書早在十三世紀初期便存在，但成書年代已不可考。據說書中集結了那不勒斯、雅典、托萊多*與底比斯等地魔法達人的知識，教人迴避煉獄、捉小偷、取得財寶、召喚惡魔並加以命令的諸多方法。

＊托萊多（Toledo）：西班牙中南部一省。境內大多屬於塔古斯河及其眾多支流組成的水系，出產多種農、林、牧、礦產品。

《教皇洪諾留的魔導書》概要

教皇洪諾留的魔導書

傳為十三世紀羅馬教皇洪諾留三世作品？

其實成書於十七世紀

以血腥的殘酷儀式聞名

召喚惡魔之書

《教皇洪諾留的魔導書》封面的神祕圖畫。

《教皇洪諾留的魔導書》召喚的惡魔

可以讓這些惡魔服從聽命

各方位之王	
東	= 瑪撾亞
南	= 埃吉姆
西	= 派蒙
北	= 亞邁蒙

→ 召喚各方位之王要使用右方的魔法圓

一週各日的惡魔	
週一	= 路西法
週二	= 弗利莫斯特
週三	= 亞斯她録
週四	= 席爾卡迪
週五	= 貝卡德
週六	= 古藍朵
週日	= 史爾加特

→ 召喚一週各日惡魔得使用各自專用的魔法圓。右圖為召喚路西法所用

《阿爾馬岱的魔導書》

The Grimoire of ARMADEL

為滿足對天使學、惡魔學、古代聖人的智慧、聖經的祕密等高級知識的求知欲望而召喚天使或惡魔，是部與眾不同的魔導書。

●蒐羅天使與墮天使印記的魔導書

《阿爾馬岱的魔導書》經常會與《所羅門王的小鑰匙》的第四章〈阿爾馬岱ALMADEL之術〉混淆，但兩者其實是不同的作品。現存最古老的《阿爾馬岱的魔導書》以法語與拉丁語寫成，散布於十七世紀的法國，由於當時惡魔附身事件十分氾濫，民間對魔導書的要求相對較高。關於阿爾馬岱這個人物如今已不可考，不過許多書都與他的名字有關，可見此人在魔法世界似乎擁有相當的權威。

《阿爾馬岱的魔導書》固然是以白魔法書而聞名，但其施術對象卻並不限於天使，惡魔同樣包含在內。由於這本書的最終目標是要視不同目的製作相對應的護符，故書中收錄了大量專門用來繪製護符的印記圖形，並且爲賦與護符力量，書中也教導人們如何召喚擁有與印記對應力量的天使或惡魔。

然而此書之特徵在於它並非以獲取財寶或名譽等低俗價值爲目的，這點與其他魔導書大不相同。

舉例來說，召喚阿斯摩丟斯與利維坦是爲了解惡魔的惡行惡德有多麼恐怖；召喚布爾佛爾則是可以得知惡魔的本性本質，以及如何控制惡魔行動的方法；惡魔勞涅會告訴我們在被逐出天界後如何變成惡魔、如何決定落腳處、在神創造出亞當後多久被逐出天界，以及他們是否擁有自我意志等。其他像路西法、別西卜、亞斯她錄則是會說出當初他們反叛的經過。換句話說，召喚神靈是爲獲得跟天使與惡魔相關的高等知識。

《阿爾馬岱的魔導書》的內容

阿爾馬岱的魔導書	➡	流行於十七世紀的法國
		著名的白魔法書
		為習得特別高級知識而存在的作品

《阿爾馬岱的魔導書》記載著製作護符的方法，那方法就是……

① 決定目的

⬇

② 找出與目的對應之天使‧惡魔印記

> 每位天使、惡魔均有其對應的印記，確定目的的同時也確定了該使用何種印記。為此，這本書裡記載了許多如右圖般的印記。

⬇

③ 以新的羊皮紙描繪印記

> 基本護符成型。

⬇

④ 召喚目標天使‧惡魔，為護符灌注力量

> 此書亦記載召喚神靈的儀式。經過儀式後護符方告完成，持有該護符便能達成目的。然而，書中並未記載召喚用的魔法圓，施術者必須參考其他魔導書自行製作。

印記例

惡魔布爾佛爾的印記。能得知惡魔之本性、拘禁方法。

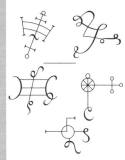

惡魔勞涅的印記。能得知惡魔被逐出天界後遭遇到的命運。

《亞伯拉梅林的神聖魔法書》

The book of the sacred magic of ABRAMELIN the mage

透過與聖守護天使的對話號令惡魔的神聖魔法。不需使用魔法圓或惡魔的印記，而是憑排列成方形的拉丁文字來操縱惡魔。

●先獲得聖守護天使保護後再召喚惡魔

《亞伯拉梅林的神聖魔法書》被譽爲西洋魔法中最強大的魔導書，盛行於十八世紀前後的法國。相傳十四、十五世紀有位叫作亞伯拉罕的猶太人周遊各國時，在埃及遇到名叫亞伯拉梅林的魔法師得其傳授魔法，後來亞伯拉罕在西元1458年爲了兒子拉美克將希伯來文翻譯成法語。

此書的魔法特徵在於無論如何都必須取得聖守護天使的保護，然後再和惡魔交涉、實現自己的願望。因爲世間萬物均是惡魔遵循天使指示而行，唯有透過與聖守護天使對話方能使自身的神性覺醒、號令惡魔。而且「惡名昭彰的彼列無時無刻都在盤算如何隱蔽眞實的神聖智慧，使人陷入模稜兩可的曖昧境地。」人類直接和惡魔交涉是件非常危險的事情。

《亞伯拉梅林的神聖魔法書》總共分成三個部分，第一部分講述亞伯拉罕遭遇亞伯拉梅林的來龍去脈，以及亞伯拉梅林魔法的基本哲學。第二部分最爲重要，講解在成功得到守護天使保護並號令惡魔前長達半年的準備作業（替自己聖別、製作魔法道具等），以及爲期七天的天使、惡魔召喚儀式。第三部分則是記載召喚惡魔實現願望時所需要的各種護符。

第三部分所載護符之目的大多是召喚強風、取得想要的飲料食物、尋找丟失的書本之類相當尋常的事項，而且不像其他魔導書需要用到魔法圓或印記，這本書的護符是以四角形方框裡的拉丁語字列進行排列組合。

---

* 麥達格・瑪瑟斯（MacGregor Mathers）：黃金黎明的共同創設者。致力於復興西洋魔法，並使天使魔法和亞伯拉梅林魔法得以在近代復活。

《亞伯拉梅林的神聖魔法書》特徵

> 亞伯拉梅林的神聖魔法書
>
> 流行於十七、十八世紀的魔導書
>
> 傳說是猶太人亞伯拉罕獲得埃及魔法師傳授的魔導書

與天使對話

施術者 — 對話 → 天使 — 指示 → 惡魔

施術者 — 直接交涉 ✕ → 惡魔

> 惡魔會依天使的指示行事，必須事先透過對話取得天使守護

> 接著召喚高階君主等級的惡魔，命令在其魔下的惡魔發誓效忠

據說魔界有下列的高階君主以及316名可供號令的從屬官（魔寵）：

最高君主四惡魔 =	路西法	利維坦	撒旦	彼列

次級君主八惡魔 =	亞斯她錄	瑪寇特	阿斯摩丟斯	別西卜
	歐連斯	派蒙	阿利通	亞邁蒙

> 不使用魔法圓或印記

這本書裡面用的是排列成四角形的文字列護符。譬如持下列護符執行儀式，便能命令惡魔以特定模樣現身

① 以蛇的模樣現身

U	R	I	E	L
R	A	M	I	E
I	M	I	M	I
E	I	M	A	R
L	E	I	R	U

② 以獸的模樣現身

L	U	C	I	F	E	R
U	N	A	N	I	M	E
C	A	T	O	N	I	F
I	N	O	N	O	N	I
F	I	N	O	T	A	C
E	M	I	N	A	N	U
R	E	F	I	C	U	L

③ 以人類模樣現身

L	E	V	I	A	T	A	N
E	R	M	O	G	A	S	A
V	M	I	R	T	E	A	T
I	O	R	A	N	T	G	A
A	G	T	N	A	R	O	I
T	A	E	T	R	I	M	V
A	S	A	G	O	M	R	E
N	A	T	A	I	V	E	L

④ 以鳥的模樣現身

S	A	T	A	N
A	D	A	M	A
T	A	B	A	T
A	M	A	D	A
N	A	T	A	S

■用語解說

● 《亞伯拉梅林的神聖魔法書》→最古老的抄本著於十七世紀初期的德國。這裡參考的是十九世紀末麥達格‧瑪瑟斯＊根據所發現的十八世紀法語版，之後又將其譯成英語的版本。

No.098

《大奧義書》

Grand-Grimoire

除詳細記載惡魔宰相路西弗葛‧洛弗卡雷召喚方法以外也寫到了惡魔契約,有別於一般的魔導書。

●包含惡魔契約的異色魔導書

《大奧義書》是部以內容完備、易於理解,而且以容易造成不良影響而聲名狼籍的黑魔法書,又名《紅龍》。根據書中所述,《大奧義書》原著於西元1522年,不過實際上似乎是成書於十八世紀的義大利。

魔導書基本上都避免與惡魔締結契約,但《大奧義書》的特徵卻在於它反其道而行。只不過,雖然同樣都是契約,此書描述的卻是以所羅門王的大咒文與魔法杖強行與惡魔締結對施術者有利的契約,並非那種稍不注意就會丟掉小命的危險契約。就這點來說,《大奧義書》跟其他魔導書其實並無分別。除此之外,書中亦具體記述了如何召喚魔界宰相路西弗葛‧洛弗卡雷並攫取巨富的方法,是本書一大特徵。

以上便是書籍的主要內容,不過這並不代表《大奧義書》只能用來召喚路西弗葛,那只是其中一個範例,此外還可視不同目的選擇召喚其他惡魔,關於這點書中亦有說明。

根據此書記載,魔界裡面有無數惡魔,其高層有三大統治惡魔、次席高等六惡魔、十八從屬官等,其中實際所能召喚並且加以號令的是次席高等六惡魔,而六個惡魔各有不同職掌。舉例來說,宰相路西弗葛‧洛弗卡雷司掌財富,大將軍撒達納奇亞擁有使所有女性服從的能力等。施術者必須先向皇帝路西法祈禱、取得其准許以後,再視不同目的選擇所召喚的惡魔。那麼又該如何進行召喚呢?書中也舉出路西弗葛‧洛弗卡雷作為具體的例子進行詳細的描述。

---

* 大公(Grand Duke):介於國王和公爵之間,擁有獨立主權的王子稱號,也是俄國皇族中某些成員的稱號。

《大奧義書》的內容

大奧義書	→	十八世紀義大利著作的黑魔法書
		少數與惡魔締結契約的魔導書
		詳細描述召喚宰相路西弗葛‧洛弗卡雷以攫取巨富的方法

《大奧義書》有兩大主題

① 說明召喚宰相路西弗葛‧洛弗卡雷以攫取巨富的方法

② 說明惡魔界的組織，幫助施術者針對不同目的選擇適合惡魔

魔界高層組織

三大統治惡魔

| 皇帝路西法 | 王子別西卜 | 大公＊亞斯她錄 |

次席高等六惡魔

宰相路西弗葛‧洛弗卡雷	掌管財富與財寶。
大將軍撒達納奇亞	使所有女性服從。
將軍阿迦里亞瑞普特	通曉國家機密。
中將浮錄雷提	管理夜間事務與降冰雹。
准將薩爾迦塔納斯	使人透明化、傳送、透視術、死靈術。
元帥涅比洛斯	從事惡行且知識廣博。

| 十八從屬官 | 次席高等六惡魔各自配屬三名從屬官。 |

施術者必須了解上述魔界組織與各惡魔角色，並視不同目的召喚一位次席高等惡魔

召喚惡魔必須做什麼準備？

Preperations for summoning a demon

根據《大奧義書》記載，召喚惡魔的時候必須準備以羔羊皮製成的繩子和夭折兒童的封棺釘等難以取得的恐怖道具。

●該準備的道具與注意事項

根據《大奧義書》記載，召喚惡魔必須做好充分準備，相關準備事項如下。

召喚惡魔的首要之務便是具備堅定的決心，畢竟操縱惡魔不比尋常。接下來則是要決定召喚哪個惡魔，如果低級惡魔已綽綽有餘的話，那就沒有必要召喚魔王撒旦。此外，在召喚惡魔的前一週必須斷絕與女性的關係、潔淨身體，每日兩餐前必須向主祈禱。

召喚惡魔須由一人或三人執行，若有必要可以事先準備兩名助手，然後找好廢墟、古城等寂靜場所，因為惡魔特別喜好傾頹的建築物，而且太嘈雜也有可能聽不見咒語。接著要準備雞血石以及由處女製作的全新蠟燭兩支、全新的火缽、白蘭地、樟腦和木炭，再宰殺羔羊剝皮製作細長繩索。這條繩索是要在魔法圓外圍鋪成一個圓形，所以務必準備足夠的長度。最後還要從裝納孩童屍體的棺材上拔四支封棺釘備用。

另外，為避免碰上在召喚儀式中，惡魔太靠近魔法圓的情形，可以事先準備紙包裹的金幣或銀幣，作為驅趕惡魔的道具。

執行召喚的前晚，施術者必須找到從未結過果實的野生榛樹，選定哪段樹枝適合製作魔法杖，然後在早晨太陽爬上地平線的那個瞬間，手持從未使用過的全新小刀將樹枝截下，製作長度十九英吋半的魔法杖。

上述物品全部準備完畢以後，就可以前往執行召喚作業的地點。

準備作業概要

必須做好充分的準備！

召喚惡魔的準備

① 不可動搖的決心

② 決定召喚哪個惡魔

③ 潔淨身體

召喚前一週

斷絕與女性的關係。

每日兩餐前向主獻禱。

④ 準備必要道具

火鉢

蠟燭

羔羊皮繩

 釘子

 包有金幣銀幣的紙

 雞血石

 樟腦

 木炭

 白蘭地

魔法杖

 找個有如廢墟般的寂靜處

魔法棒必須以榛樹樹枝製作，榛樹亦稱「女巫的掃帚」，過去歐洲也經常取其樹枝當作尋找水脈、礦脈等的占探道具。

一切都已準備完畢，那就出發前往儀式地點吧！

召喚惡魔該如何進行？

How to summon a demon

呼喊偉大路西法皇帝之名，然後以主之名發令、唱誦所羅門王的大咒文便能召喚惡魔大臣路西弗葛。

●召喚惡魔大臣路西弗葛・洛弗卡雷

　　一切準備妥當後來到執行儀式的地點，終於就要開始召喚惡魔了。《大奧義書》記載的惡魔召喚流程如下所述，不過此處召喚的是惡魔大臣路西弗葛・洛弗卡雷，這位老兄可是常常怎麼召喚都不肯現身的。

　　首先第一件事就是要在地面或地板繪製魔法圓。以從羔羊身上剝下來的羊皮搓成繩子後圍成圓形，四方用釘子加以固定，接著取出事先準備好的雞血石在圓裡面畫一個三角形，並在三角形的兩邊立起蠟燭。魔法圓的上方要朝東，三角形則是要從上方的頂點開始畫起。其次是要在魔法圓的外側按逆時針方向依序寫下大寫的A和小寫的e、a、j，然後在三角形底邊處書寫JHS（耶穌基督的象徵）等神聖文字，並於其兩端各畫一個十字，便能防止惡魔從背後偷襲。完成後再將石炭裝進火缽，灑進白蘭地、樟腦並且點火。

　　接著，施術者拿著榛樹樹枝製成的魔法杖、咒語以及寫著要求的紙張站進三角形內側，然後懷抱著希望與堅定信心開始召喚惡靈。如果是三個人共同進行召喚儀式，一旁的助手必須靜默不得發出聲音。

　　召喚惡魔時必須先向主獻禱，然後再向皇帝路西法祈願能召喚出希望現身的惡魔：「偉大的路西法皇帝啊，我以主之名命令你，將惡魔大臣路西弗葛派遣前來。」此時除了路西法皇帝以外，也可以把別西卜王子、亞斯她錄大公的名字也追加進去。如果惡魔此時沒有順利現身，就要唱誦所羅門王大咒。

　　一旦開始唱誦該咒文，惡魔就無法避不現身。隨著不斷重複地唱誦，惡魔大臣路西弗葛終究會出現。

惡魔的召喚方法

以惡魔大臣路西弗葛．洛弗卡雷為例

召喚惡魔的方法

① 繪製魔法圓、準備道具

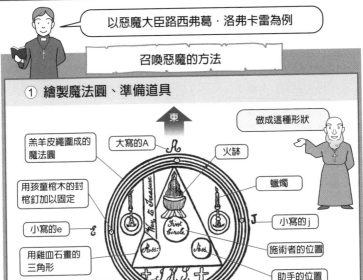

- 羔羊皮繩圍成的魔法圓
- 大寫的A
- 東
- 做成這種形狀
- 火缽
- 蠟燭
- 用孩童棺木的封棺釘加以固定
- 小寫的e
- 小寫的j
- 用雞血石畫的三角形
- 施術者的位置
- 助手的位置
- 象徵耶穌基督的三個字母
- 小寫的a

② 持魔法杖等道具召喚惡魔

若惡魔遲遲不現身就開始唱誦下面的「所羅門王大咒」，據說只要唸個兩遍惡魔必定會出現。

靈啊！我憑著擁有偉大力量的下列名號命令你。速速出現！以阿多奈之名、耶洛姆、亞利、耶和凡姆、阿格拉、塔格拉、馬通、歐亞利歐斯、亞爾莫金、阿里歐斯、兔布洛特、伐利歐斯、皮脫納、馬喬多斯、薩爾非、伽波茲、薩拉曼德雷、塔波茲、金瓜、姜納、以提茲莫斯，以薩里亞納米克之名。

（以下重複）

路西弗葛．洛弗卡雷將以這般模樣現身。

如何安全地對惡魔下命令？

How to command a demon

遵照魔導書指示便能任意操縱惡魔大臣路西弗葛，同時安全輕鬆地變成富豪。

●快速取得巨富的方法

惡魔經過召喚作業出現後又該怎麼辦呢？《大奧義書》記載了與惡魔大臣路西弗葛的交涉方法，在此案例中，是以輕鬆獲得巨富為目的。

首先是宣告：「敢不回應我的要求，便以咒語施以永恆的折磨。」劈頭給路西弗葛來個下馬威。此時路西弗就會問道有何要求，施術者就可以提出自己的目的。

「我希望締結能盡快協助我致富的契約」

不過路西弗葛也會發揮其惡魔本色，如是說道：「除非二十年後將你靈魂與肉體交給我，否則無法締結契約。」

這樣的契約肯定不能簽。於是施術者可以持魔法杖指向路西弗葛，威脅道：「敢不從命，便要你與同伴永受折磨。」並且重複唱誦所羅門王大咒。

此時路西弗葛會不情願地前往藏有寶物之地，而施術者必須經由特定途徑離開魔法圓、獨自一人尾隨在後。途中要是路西弗葛突然變成凶猛的惡犬，不用過度害怕，只要手持魔法杖對著他即可。來到藏寶處以後將契約書放在寶物上，帶著所有拿得動的寶物倒退離開，回到魔法三角形中。

待施術者回到安全的魔法圓裡，最後只要跟路西弗葛道別，如此一來就可以得到大筆的財富了。

「偉大的路西弗葛啊，我已滿足。已經到了說再見的時候，請你離開去自己喜歡的地方。」

如何命令惡魔

絶對要遵守下列注意事項

該如何安全地命令惡魔

絶對不可簽下必須交出靈魂的契約

如果惡魔反抗就唱誦所羅門王大咒

若惡魔太靠近，可以拿包著金幣的紙擲向遠處，過去拾取的惡魔自然會遠離

獲取巨富的步驟

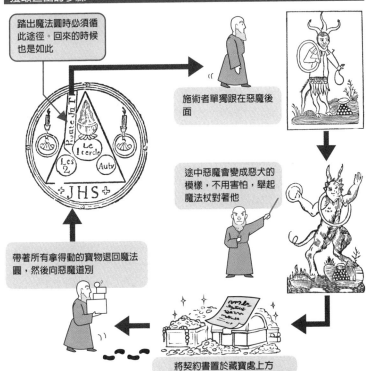

踏出魔法圓時必須循此途徑。回來的時候也是如此

施術者單獨跟在惡魔後面

途中惡魔會變成惡犬的模樣，不用害怕，舉起魔法杖對著他

帶著所有拿得動的寶物退回魔法圓，然後向惡魔道別

將契約書置於藏寶處上方

所羅門王的 72惡魔

下列是《所羅門王的小鑰匙》（別名「雷蒙蓋頓」）第一章〈哥耶提雅〉，當中記載了從前所羅門王號令驅使、後來與惡魔軍團一齊封印在黃銅壺裡的72名惡魔。下列乃是參考《THE Goetia/The Lesser Key of Solomon the King》（translated by Samuel Liddell, Macgregor Mathers/ edited with an introduction by Aleister Crowley/WEISER BOOKS）並彙整其中重要記述而成。

※表現方式是依照中文譯名／英譯名／惡魔位階，插畫則是摘自柯林・德・普朗西所著《地獄辭典》第六版當中M・L・布爾頓所繪作品。

■1　巴耶力 / Bael / 王

統治東方的王，統領66個軍團。擁有能使人變成透明的力量，平時會以貓、蟾蜍或人類等不同形態現身，不過有時候也會以三種形態並存的模樣出現。

■2　阿加雷斯 / Agares / 公爵

隸屬於東方勢力，率領31個軍團。外表是看似溫和的白髮老人模樣，經常騎著鱷魚、手邊帶著蒼鷹。他能傳授所有語言、使權威失勢，擁有引發地震的能力。

■3　瓦沙克 / Vassago / 王子

麾下有26個軍團。與阿加雷斯擁有相同本性、性格良善，能夠準確說出過去與未來發生的事情，擁有發現失物的能力。

■4　薩密基那或加米基 / Samigina or Gamigin / 侯爵

麾下有30個軍團。會先以小馬或驢子模樣出現，然後也能應施術者的要求變成人形。他會用馬的聲音說話、傳授所有教養學科知識，並解說罪人死後有何遭遇。

■5　瑪巴斯 / Marbas / 長官

麾下有36個軍團。會先以獅子模樣出現，再應施術者要求變成人形。能回答隱而不宣的祕密、帶來疾病也能治病，並且傳授機械工學的智慧與知識。另外也能將人類變成其他模樣。

■6　華利弗 / Valefor / 公爵

麾下有10個軍團。帶著低吼聲，以驢頭獅身的模樣出現。他可以是個很好的魔寵，不過經常慫恿人犯下偷盜。

■7　亞蒙 / Amon / 侯爵

麾下有40個軍團。以蛇尾狼身的模樣、口吐火炎出現，亦可應施術者命令變成烏鴉頭（有時候還帶有尖銳的犬牙）人身。能講述過去與未來的事情，能使朋友不和失睦、也能讓他們重修舊好。

■8　巴巴妥司 / Barbatos / 公爵

麾下有30個軍團。太陽落在射手座的時候，在四位率領大軍團的尊貴王者簇擁下出現。他能使人聽得懂鳥和其他生物發出的聲音，還能以魔法挖掘被藏匿的財寶。知道過去與未來的一切，並具備替施術者安撫友人或當權者的能力。原為力天使。

■9　派蒙 / Paimon / 王

麾下有200個軍團。大批惡靈吹著號角、敲鑼打鼓地開道，然後派蒙就會戴著光榮王冠、騎著單峰駱駝，以人類的模樣出現。剛開始派蒙會用狗吠般的聲音說話，施術者必須強制他換成聽得懂的聲音。能夠傳授藝術、科學等知識，能給人威嚴、使眾人服從，還能提供稱職的魔寵。

■10　布耶爾 / Buer / 長官

麾下有50個軍團。太陽落在射手座的時候，以跟射手座相同的人馬模樣出現。能傳授哲學、倫理學、自然學、理論學、藥草學，並且治療急性熱病及提供魔寵。

■11 古辛 / Gusion / 公爵

麾下有40個軍團。會以狗頭人的模樣現身。能看透過去、現在、未來的一切，還能回答所有事情的意義與解答。掌管友情，能賜與任何人榮譽與威嚴。

■12 西迪 / Sitri / 王子

麾下有60個軍團。以豹頭、獅身鳥首獸*雙翼的模樣出現，可應施術者命令變成俊美的人類。能使異性萌生愛意、褪去衣衫。

■13 貝雷特 / Beleth / 王

麾下有85個軍團。會騎著蒼白的馬匹跟在樂隊後方出現，他出現時的模樣非常恐怖，必須鼓起勇氣以魔法杖加以命令。此外，施術者得在左手中指佩戴銀戒指，並且懷著敬意與他相處。擁有使人生出愛戀之心的力量。

■14 勒萊耶或勒萊卡 / Leraje or Lelaikha / 侯爵

麾下有30個軍團。身穿綠色獵人服裝、帶著弓箭出現。擁有引起紛爭、以弓箭使傷口化膿的力量。

■15 埃力格 / Eligos / 公爵

麾下有60個軍團。他會帶著長槍、軍旗和蛇，以騎士的模樣出現。埃力格熟知祕密、未來與戰爭，能夠引發統治階級的愛心。

■16 桀派 / Zepar / 公爵

麾下有26個軍團。他會如同士兵一般穿著紅色鎧甲出現。能勾起女性對男性的愛戀之心、擁有使兩人結合的力量，同時也能使人不孕。

■17 波提斯 / Botis / 伯爵或長官

麾下有60個軍團，以醜陋毒蛇的模樣現身，但受到命令就會變成手持光輝寶劍、長著一口耀眼牙齒和兩隻角的人類模樣。他能說出過去與未來的一切，還能化敵為友。

■18 巴欽 / Bathin / 公爵

麾下有30個軍團。以有條蛇尾巴的壯碩男子模樣、騎著蒼白的馬出現。知悉藥草與寶石的效能，還能使人瞬間移動到其他國家。

■19 塞羅司 / Sallos / 公爵

麾下有30個軍團。頭戴侯爵冠冕、騎著鱷魚，以雄糾糾的士兵模樣現身。擁有勾起對異性愛戀的能力。

麾下有36個軍團。以獅子頭、鴕鳥足、野兔尾巴的天使模樣出現。知悉過去、現在、未來，能帶給人機智與膽量。

■20　普爾森／Purson／王

麾下有22個軍團。獅頭人身模樣，會一面吹響號角、一手拿著凶猛的毒蛇，騎著熊出現。能告訴我們祕密財寶與過去、現在、未來之事，還能提供良好的魔寵。能變化成人形，也能變化成靈的模樣。

■23　艾姆／Aim／公爵

麾下有26個軍團。身體是健美的人類胴體，卻有三個頭顱，分別是蛇頭、額前有兩顆星的人頭和牛犢頭。他騎著毒蛇，手持火把四處引發大火。能使人變聰明，替人解決私密問題。

■21　摩拉克斯／Marax／伯爵或長官

麾下有30個軍團。會以人頭公牛的模樣出現。能傳授天文學、教養學與藥草寶石效用，還能提供優秀的魔寵。

■24　納貝流士／Naberius／侯爵

麾下有19個軍團。會以黑公雞模樣出現，並在魔法圓周圍拍動翅膀。

他說話聲音沙啞，能傳授技藝、科學、修辭學的才能，還能替人尋回失去的威嚴與榮譽。

■25　格剌希亞拉波斯／Glasya-Labolas／伯爵或長官

麾下有36個軍團。以擁有獅身鳥首獸雙翼的犬隻模樣現身。能傳授所有技藝與科學，告訴我們過去、現在與未來，還能使人同時受到朋友與敵人敬愛、使人隱形，並且是流血與殺人的專家。

■26　布涅或比滅／Buné or Bimé／公爵

麾下有30個軍團。會以三頭龍（狗頭、獅身鳥首獸頭、人頭）的模樣出現，講話的聲調美麗而高昂。能使人致富、變得聰明而善辯，並且會正確回應要求。

■27　羅諾威／Ronové／侯爵或伯爵

麾下有19個軍團。以怪物的模樣現身。能教授修辭學、語言等知識、提供好的魔寵，還能讓朋友或敵人都對自己產生好感。

■28　比利土／Berith／公爵

麾下有26個軍團。會穿著紅衣、騎著紅馬，以頭戴金冠的士兵模樣現身，語調清亮而穩重。

他能正確回答過去、現在、未來的事情，能將賤金屬變成黃金，還能賜人無可動搖的權威。

■29　亞斯她錄／Astaroth／公爵

麾下有40個軍團。右手拿著毒蛇，騎著像龍的地獄之獸，以天使模樣現身，一旦太靠近、聞

到他散發的惡臭會有喪命之虞。能正確答出過去、現在、未來的事情，還能揭開所有的祕密。他通曉教養學，並在施術者提出要求後說出天使和他自己墮落的經過。

■30　佛鈕司／Forneus／侯爵

麾下有29個軍團。會以巨大海獸的模樣出現。他能使人精通修辭學、帶來語言的知識與良好的風評，並讓人受到敵人敬愛，正如同受到朋友敬愛一般。

■31　佛拉斯／Foras／長官

麾下有29個軍團。會以頑強男子的模樣出現。能傳授藥草與寶石效能、理論學和倫理學。佛拉斯可以應要求把人變透明，並帶來長壽與辯才，另外還能幫人找出寶物或失物。

■32　阿斯瑪代／Asmoday／王

麾下有72個軍團。擁有公牛頭、人頭、公羊頭三個頭顱和蛇尾巴，並且口吐火炎、手持旗槍出現。他會帶來美德的戒指，傳授算術、天文學、幾何學和工藝，並且一一回應要求。能使人隱蔽身形，甚至說出財寶的所在地。

■33　慨布／Gäap／王子或長官

麾下有66個軍團。當太陽進入南方宮位時，就會帶著四位強大的王、以人類的模樣出現。他能使人失去感覺、知覺，卻也會傳授哲學、教養學。除了勾起他人愛與憎恨的情感、替屬於亞邁蒙的事物進行聖別外，還能完美回答關於過去、現在、未來之事，並把人瞬間傳送到另一個王國。

■34　弗爾弗爾／Furfur／伯爵

麾下有26六個軍團。以有條火焰尾巴的紅色公鹿模樣出現，在魔法三角形裡則是天使的模樣。他能使男女燃起熱烈的愛火，並且發動閃電、落雷、強風與暴風雨，另外還會透露神聖的祕密。

223

■35 馬可西亞斯 / Marchosias / 侯爵

 麾下有30個軍團。長著獅身鳥首獸的雙翼、蛇尾狼身、口吐火炎，不過亦可應施術者命令變成人類現身。原是主天使，相傳他曾經對所羅門王說，希望自己能在一千兩百年後重返原來地位。

■36 斯托剌或斯托羅 / Stolas or Stolos / 王子

 麾下有26個軍團。他會以強大的飛鳥模樣現身，然後再變成人類。除天文學外，還會說明藥草與寶石的效能。

■37 菲涅克斯 / Phenex / 侯爵

 麾下有20個軍團。會以不死鳥鳳凰模樣現身，以孩童的聲音說話。當他以甘美的聲音歌唱時，切記不能聽到入迷，接著菲涅克斯會變成人形，為施術者講述精彩的科學課。他是位優秀的詩人，也很樂意替他人實現願望。

■38 哈法斯或馬瑟斯 / Halphas or Malthus / 伯爵

 麾下有26個軍團。會以野生鴿子的模樣現身，聲音沙啞。擁有建造高塔、準備武器彈藥，並將士兵配置於適當場所的能力。

■39 瑪法斯 / Malphas / 長官

 麾下有40個軍團。先以烏鴉模樣現身，受到命令後才變成人類，並用沙啞的聲音說話。他能夠建造房屋高塔，通知施術者敵人有何企圖、想法、行動，還能提供好的魔寵。只不過獻祭給他的時候，瑪法斯會裝作一副很高興的模樣騙人。

■40　勞姆 / Räum

麾下有30個軍團。首先以烏鴉模樣現身，受到命令後會變成人類。他會為施術者盜取王宮裡的財寶，將其運送到指定場所。他能夠破壞城鎮與他人威嚴，並且知悉過去、現在與未來的一切，還能使敵友之間萌生友愛之情。

■41　佛卡洛 / Focalor / 公爵

麾下有30個軍團。以生有獅身鳥首獸雙翼的人類模樣現身。他能操縱風和海象，使人溺水，或使船隻翻覆。不過只要施術者禁止，佛爾卡洛也不會傷害別人。

■42　威沛 / Vepar / 公爵

麾下有29個軍團。會以人魚的模樣現身。威沛是水的統治者，能引導施術者找到裝滿武器彈藥的船隻。此外他還能使傷口化膿、長出蛆蟲，甚至在三天內殺人。

■43　斯伯諾克 / Sabnock / 侯爵

麾下有50個軍團。騎著蒼白的馬匹、以長著獅頭的武裝士兵模樣出現。擁有建造高塔、城堡、城鎮，並且加以武裝的能力。

他能使傷口、腫囊腐爛或是長蛆，讓人連續痛苦好幾天。

■44　沙克斯 / Shax / 侯爵

麾下有30個軍團。會以野鴿模樣出現，聲音沙啞而細微。擁有剝奪他人視覺、聽覺與理解力的能力，還會偷盜國王的財產和馬匹。他能替人找出被藏起來的物品，偶爾還能提供好的魔寵給施術者。不過只要一旦離開魔法的三角形就會滿口謊言。

■45　拜恩 / Viné / 王或伯爵

麾下有36個軍團。會化作獅子的模樣、手持毒蛇騎馬出現。他能找到被藏匿的東西、女巫或魔法師，還能看透過去、現在與未來。可以命令他建造高塔、搗壞巨石城牆，或者召喚狂風掀起巨浪。

■46　比夫龍 / Bifrons / 伯爵

麾下有60個軍團。會以怪物的模樣出現，可應命令變成人類模樣。能傳授天文學、幾何學、其他藝術或科學，以及與寶石樹木效能有關的知識。

■47　烏瓦或化勒或沃瓦／Uvall or Vual or Voval／公爵

魔下有37個軍團。會以雄糾糾的單峰駱駝模樣現身，並且在受到命令後變成人類的模樣，用不完整的埃及語說話。能使人得到女性的愛，能說出過去、現在、未來之事，還能使敵我雙方萌生友情。

■48　海艮地／Häagenti／長官

魔下有33個軍團。以長著獅身鳥首獸雙翼的公牛模樣出現，受到命令後會再變成人形。能使人變聰明、傳授的物質變成術能將賤金屬變成黃金、將水變成葡萄酒或將葡萄酒變成水。

■49　克羅賽／Crocell／公爵

魔下有48個軍團。會以天使的模樣現身。他能揭開隱匿的祕密，還能教人幾何學、教養學。接到命令後，可以憑空讓空無一物的地方發出激流的聲音，另外還能將普通泉水變成溫泉。

■50　弗爾卡斯／Furcas／騎士

魔下有20個軍團。以蓄著大把鬍鬚、頭髮灰白的老人模樣，騎著蒼白的馬匹出現。能完整傳授哲學、天文學、修辭學、理論學、手相、火炎占卜等知識。

■51　巴拉姆／Balam／王

魔下有40個軍團。有公牛、人類、公羊三顆頭顱、燃燒的雙眼和蛇尾巴，會帶著蒼鷹、騎著可怕的巨熊出現。聲音沙啞，能正確說出過去、現在與未來的事情。還擁有使人變透明、機智的力量。

■52　安洛先／Alloces／公爵

魔下有36個軍團。有張赤紅的獅子臉和燃燒的雙眼，以士兵的模樣騎著駿馬出現，用沙啞聲音大聲說話。能傳授天文學、教養學，還能帶來好的魔寵。

■55　歐若博司／Orobas／王子

麾下有20個軍團。會先以馬匹模樣現身，接受命令後再變成人形。他能透露過去、現在、未來之事，還能賜人威嚴與高位聖職者的地位。此外，他不但能使人獲得朋友與敵人的好感，還會說出神祕以及世界創造的祕密。他對施術者非常誠實，所以不會利用惡靈誆騙人。

■53　卡繆爾或蓋因／Camio or Caim／長官

麾下有30個軍團。會先鵃鳥的模樣出現，然後再變成佩帶尖劍的人類模樣。答話的時候，看起來就像是身處於燃燒的飛灰或木炭之中。他是位優秀的辯論家，能傳授給人聽懂鳥、去勢的牛、狗等生物聲音，甚至流水聲的能力，並且告訴我們未來的事情。

■54　姆爾姆爾或姆爾姆斯／Murmur or Murmus／公爵或伯爵

麾下有30個軍團。他會在吹奏著號角的僕從開道之下，戴著公爵頭冠、打扮成戰士騎著獅身鳥首獸現身。他能傳授哲學，還能命令死者亡魂現身、讓亡魂回答問題。

■56　格莫瑞或加莫里／Gremory or Gamori／公爵

麾下有26個軍團。會以腰掛侯爵夫人頭冠的美麗女性模樣，騎著美麗的駱駝現身。他能透露過去、現在、未來，說出財寶的藏匿處，還能使人不論老幼都得到女性的愛。

■57 歐賽或沃索 / Ose or Voso / 長官

魔下有30個軍團。會先以豹的模樣現身，然後立刻變成人形。能使人通曉教養學並運用自如，還能為人揭開神聖的祕密。另外也可應要求將人變成其他模樣。

■58 亞米或亞納斯 / Amy or Avnas / 長官

魔下有36個軍團。會化作燃燒的火炎現身，過一會兒再變成人形。他能傳授天文學、教養學的卓越知識，並提供好的魔寵，還會說出受神靈守護的財寶。

■59 歐里亞斯 / Oriax or Orias / 侯爵

魔下有30個軍團。長著巨蛇尾巴、騎著雄壯的駿馬，右手拿著兩條名叫咻咻的大蛇現身。他能傳授占星術、讓人變身、帶來難以動搖的威嚴與崇高地位，並且讓人受到敵人與朋友喜愛。

■60 瓦布拉或納胡拉 / Vapula or Naphula / 公爵

魔下有36個軍團。會以獅身鳥首獸的模樣現身。能傳授手工藝、專門技術、哲學與其他科學的相關知識。

■61 撒共 / Zagan / 王或長官

魔下有33個軍團。以長有獅身鳥首獸雙翼的公牛模樣現身，過一會兒再變成人形。能使人變得機智，還能將葡萄酒變成水、將血變成葡萄酒，或將水變成葡萄酒等。他能將各種金屬變成強勢貨幣，也能使愚者變成賢者。

■62 沃劣克或瓦劣克或瓦魯或瓦喇克 / Volac or Valac or Valu or Ualac / 長官

魔下有38個軍團。騎著雙頭龍、以生有雙翼的孩童模樣出現。他能指出財寶所在地，還能告訴我們大蛇在哪裡。

■63 安托士 / Andras / 侯爵

魔下有30個軍團。以有顆黑漆漆渡鴉頭的天使模樣，並且騎著雄壯的黑狼、揮舞銳利發光的寶劍現身。他會撒播失睦與不和，一不小心施術者及同伴都會被他殺害。

■64 霍雷斯或霍拉斯或哈維斯或佛勞洛斯 / Haures or Hauras or Harves or Flauros / 公爵

魔下有36個軍團。會以頑強而恐怖的豹模樣現身，受到命令後會再變成雙眼熾紅、表情恐怖的人類模樣。他通曉過去、現在、未來的一切，除非身處魔法三角形之內，否則可是謊話連篇。他會說出神性的祕密、世界創造以及神靈墮落的故事，並且保護施術者免受其他神靈侵害，還能替施術者擊潰敵人。

■65 安德雷斐斯 / Andrealphus / 侯爵

魔下有30個軍團。會伴隨著噪音以孔雀模樣現身，然後再變成人形。能傳授幾何學、測量術、天文學等完整知識與敏銳的思考，還能把人變成鳥。

■66 錫蒙斯或奇馬力斯 / Cimeies or Kimaris / 侯爵

魔下有20個軍團，同時也是非洲所有神靈的統治者。他會以勇敢戰士的模樣、騎著黑色駿馬出現。能傳授文法、理論學、修辭學的完整知識，還能替人找回失物、被藏起來的東西和財寶等。

■67 安度西亞斯 / Amdusias or Amdukias / 公爵

魔下有29個軍團。以獨角獸模樣現身，雖然不是立刻，不過會在號角等樂器伴奏下變成人形。能將樹木折彎。

■68 彼列 / Belial / 王

魔下有80個軍團，是第二個被創造出來、僅次於路西法的惡魔。他會變成兩位美麗的天使乘著戰車出現，然後以平穩的聲調言明當初對抗天使的時候，自己是第一個被逐出天界的。他能為人帶來聖職或議員等地位，還能使人同時受到敵人與朋友的喜愛，並且提供好的魔寵。

■69　單卡拉比 / Decarabia / 侯爵

魔下有30個軍團。會以五芒星的形狀出現，然後在受到命令後變成人形。他會告訴我們寶石和鳥的效能，還能製作如同真鳥飛行、啁啾鳴叫的假鳥。

■70　系爾或賽爾或賽亞 / Seere or Sear or Seir / 王子

魔下有26個軍團。會以騎著飛馬的美男子模樣現身。能夠在瞬間去到世界任何角落，轉眼間將大量物品搬至遠處。此外，還能說出遭盜竊物品或祕密財寶的所在地，無論施術者有何希望都會樂意接受。

■71　但他林 / Dantalion / 公爵

魔下有36個軍團。會以右手拿著書本、擁有許多張男女臉孔的人類模樣現身。能說出眾人的祕密與想法，甚至加以改變。能製造出所有人的複製物或幻影，使其出現於任何地方，還能使人對愛情產生興趣。

■72　安杜馬利烏士 / Andromalius / 伯爵

魔下有36個軍團。會以手持巨蛇的男子模樣現身。能取回被盜走的物品、捉住偷東西的犯人，還能揭穿惡行與陰謀、懲罰惡人，並找出祕密的寶物。

注）實際製作這些惡魔印章的時候，必須視其稱號配合使用規定的金屬。

王＝金、公爵＝銅、王子＝錫、侯爵＝銀、長官＝水銀、伯爵＝銅銀各半的合金、騎士＝鉛。

至於一位惡魔同時擁有多個稱號的話該怎麼辦？這點並無說明。

注釋附錄

No.002

*¹ 瑣羅亞斯德教（Zoroastrianism）：西元前七世紀興起的波斯宗教。奉光明之神阿胡拉·馬茲達為主神的多神教。古伊朗地區的遊牧民族原本就有崇拜火炎的宗教儀式，後來瑣羅亞斯德教說火炎乃光明之神阿胡拉·馬茲達之子，稱作「聖火」。瑣羅亞斯德教別名「拜火教」便是由此而來。

*² 阿胡拉·馬茲達（Ahura Mazda）：又名歐馬茲特·馬茲達·阿胡拉。根據瑣羅亞斯德教的教義，世界是善神阿胡拉·馬茲達與惡神阿里曼（Ahriman）彼此不斷發生對抗的戰場。其外形是個長有翅膀的太陽，或者是位乘坐長有翅膀的太陽的男子。

No.004

*¹ 聖經正典（Kanon、Canon）：原意為「正統的經典」。基督教系統化神學內容回應異端的挑戰，乃將整個基督宗教的經典分為正典、次經與偽經三個層級。正典是完全可靠的經典，現在通用的拉丁版聖經便是在這一次的集結中定本。

*² 尼布加尼撒二世（Nebuchadrezzar II，630？～562BC）：古代加爾底亞帝國最偉大的國王。《聖經》中曾記載他圍攻耶路撒冷和對提爾城的經過，並暗示他曾入侵埃及。

*³ 奧利金（Origen、Oregenes Adamantius，185？～254？）：早期希臘教會最重要的神學家和《聖經》學者。

*⁴ 聖奧古斯丁（Aurelius Augustinus，354～430）：拉丁原名為奧利烏斯·奧古斯提努斯。396～430年任羅馬帝國北非洲希波主教，是當時西方教會的主要人士，公認為古代基督教會最偉大的思想家。

No.005

*¹ 《衣索比亞語以諾書》：請參照No.012用語解說。

*² 柯林·德·普朗西（Collin de Plancy，1793～1887）：法國最具代表性的惡魔學者，據傳其代表作《地獄辭典》的內容是他召喚惡魔詢問聽取而來。

No.008

*¹ 法利賽人（Pharisee）：猶太教法利賽派的成員。他們所堅持的口傳法統之約束力，至今仍為猶太教神學思想的基本教條。

*² 非利士人（Philistine）：起源於愛琴海的民族。西元前十二世紀在以色列人到達前不久定居於巴勒斯坦南部海岸地帶。

*³ 《尼哥底母福音》（The Gospel of Nicodemus）：尼哥底母是法利賽人和猶太公會的成員。《尼哥底母福音》是以其名命名的聖經外典，內容描述地獄的痛苦。

No.009

*1 安條克（Antioch）：古代敘利亞人口眾多的城市，現在是土耳其中南部的一個重要城鎮。爲早期的基督教中心之一。

*2 烏爾蘇拉會（Ursuline）：天主教女修會。西元1535年由義大利女信徒聖安耶拉．梅里奇（St. Angela Merici）創立於布雷西亞，是第一個專門從事女童教育的修會。

No.016

*1 夜間的魔女：中文和合本原作「夜間的怪物」，此處權採日語原文譯法。

*2 喀巴拉（Kabbalah）：猶太教神秘主義。一說喀巴拉源自西奈山神授摩西，一說是天使拉棨（Rashiel）傳授給亞當後，再傳至所羅門王等，眾說紛紜。

*3 鎮尼（Djinn）：阿拉伯民間傳說裡的精靈。以《阿拉丁神燈》神燈裡的精靈最爲有名。

*4 《塔木德》（Talmud）：猶太教口傳律法集，僅次於《聖經》的主要經典。此書不僅講律法，且涉及天文、地理、醫學、算術、植物學等方面。

No.017

*1 原文作41章25～26節，譯者逕自改爲中文和合本章節。

*2 《阿爾馬岱的魔導書》（The Grimoire of Armadel）：這是本法國基督教魔導書，源自收藏於不列顛圖書館的《所羅門王之鑰》阿爾馬岱抄本。

*3 霍布斯（Thomas Hobbes，1588～1679）：英國偉大的政治哲學家，於西元1651年所著《利維坦》一書，爲後世西方政治哲學發展奠定根基。

*4 原文作41-11～13，譯者逕自改爲中文和合本章節。

No.018

*1 「除創造者以外沒人能用劍刺他」：此處乃按日語原文翻譯，中文和合本作「創造他的給他刀劍」。

*2 阿娜特（Anath）：阿娜特是古埃及人、迦南人、敘利亞人及希伯來人等的地母神，被視爲掌管誕生和死亡的女神。她在希臘則是以雅典娜之名爲人所知。

*3 迦尼薩（Ganesa）：幸運與智慧兼備之神爲濕婆神與婆婆諦之子，有個鼓脹的肚子和象頭，以老鼠爲坐騎。

No.019

*1 摩押人（Moabites）：西閃米特的一支，居住在死海以西的高原（今約旦中西部），興盛時期爲西元前九世紀。他們主要經由《舊約聖經》和摩押石碑上的碑文所提供的信息而爲人所知。

*2 米夏埃利斯神父（Sebastien Michaelis）：曾發表將天使分成九個階級的「惡魔的階級」。

No.020

*¹ 阿斯塔特（Astarte）：腓尼基神話中的豐收女神，經常被視同爲希臘神話中的阿芙柔黛蒂。

*³ 伊施塔（Ishtar）：源自於蘇美神話的依南娜，是愛情與豐收女神。因爲身上配著弓箭，所以被亞述人尊爲戰爭女神。

No.022

*¹ H.P.洛夫克萊夫特（Howard Philips Lovecraft，1890～1937）：美國神怪小說家，創造出至今仍受書迷熱愛的《克蘇魯神話》。

*² 亞實突（Ashdod）：《舊約聖經》裡非利士人五大都市之一。位於加薩東北方約30公里處。《新約聖經》記作亞鎖都。

*³ 迦特（Gath）：亦譯加斯。非利士人五大都市之一，在今以色列。其準確位置一直不明。

*⁴ 亞實基倫（Ashkelon）：《舊約聖經》所述非利士人五大都市之一，位於現在加薩北方約20公里處。

*⁵ 亞革倫（Akron）：即以革倫（Ekron）。

*⁶ 加薩（Gaza）：巴勒斯坦西南部加薩走廊的城市和主要都市中心。

*⁷ 拉比（Rabi）：猶太教的聖職者。嚴格來講雖然不盡相同，可將拉比視爲與牧師或神父相似的角色。

No.023

*¹ J.B.羅索（Jeffrey Burton Russell，1934～）：美國的歷史學家、宗教學家。其著作相當廣泛，主要是以中世歐洲史與神學歷史爲最多。

*² 戲仿（Parody）：源自希臘文paroidia，文學中諷刺批評或滑稽嘲弄的形式。

*³ 克里斯多幅・馬婁（Christopher Marlowe，1564～1593）：伊利莎白時代詩人，莎士比亞的文壇前輩，英國重要的劇作家，尤以首創無韻詩劇著稱。

No.024

*¹ 荷姆克魯斯（Homunculus）：使用鍊金術創造出來的人造人，爲驗證自己製造的賢者之石是否爲真的結果。

*² 德拉克洛瓦（Eugene Delacroix，1798～1863）：十九世紀上半葉法國浪漫主義畫家。想像力豐富、才思敏捷，是印象主義和現代表現主義的先驅。

No.043

*¹ 塔提安（Tatianus，約120～175）：基督教早期護教士，後被西部教會指爲異端者。

*² 尼西亞公會議（Council of Nicaea）：西元787年基督教教會的第七次普世會議，旨在解決西元726年引發的聖像破壞之爭。

*³ 拉特蘭公會議（Council of Lateran）：天主教會在羅馬市內拉特蘭宮舉行的會議，共五次。第四次拉特蘭會議即第十二次普世會議，於1215年舉行。

*⁴ 大阿爾伯特（Albertus Magnus, 1193～1280）：中世德國的主教、神學家、哲學家。Magnus是「偉大的」的意思，並不是他的姓。

No.044

*¹ 《惡魔的僞王國》：請參照P.122內文。

*² 路德主義（Lutheranism）：亦稱信義宗、路德宗。採行馬丁路德宗教原則的西方基督教會分支。

No.045

* 聖事（Sacrement）：一稱聖禮，基督教的重要禮儀。天主教和正教認爲「聖事」有七件，即聖洗（洗禮）、堅振、告解、聖體（或聖餐）、終傅、神品（亦稱授職禮或祝聖神父）和婚配。

No.047

*¹ 希比莉（Cybele）：希比莉是佛里幾亞（小亞細亞地方）人所信奉的大地女神。同時也是至高神明以及預言、治癒、戰爭、動物走獸的守護者。

*² 斯庫拉（Scylla）：上半身是美麗的寧芙、下半身卻是長了六顆狗頭十二隻腳的怪物。

No.051

*¹ 布魯圖（Marcus Junius Brutus，前85～前42）：西元前44年刺死羅馬獨裁者凱撒的密謀集團領袖。

*² 加西阿斯（Gaius Cassius Longinus，？～前42）：謀殺凱撒的刺客。

*³ 鳥身女妖（Harpuiai）：鳥身女妖的數量不止一隻，一般說是三人。

No.053

*¹ 舍葸狽如斯（Cereberus）：希臘宗教故事中看守冥間入口的一隻三頭惡狗。死者入冥間時，需用蜜餅餵它。

*² 本韋努托‧切利尼（Benvenuto Cellini）：義大利佛羅倫斯金匠、雕刻家，在法國和佛羅倫斯都有重要地位。

No.055

*¹ 聖方濟（Saint Francis of Assisi，1182～1226）：天主教方濟會和方濟女修會的創始人，義大利主保聖人。

*² 聖保羅（Saint Paul The Apostle，10？～67？）：西元一世紀的猶太人，其足跡遍及各地，加上對普世教會的夢想，加速基督教成爲世界性的宗教。

*³ 施洗者約翰（Saint John the Baptist）：《聖經》人物，是出身祭司家庭的猶太人先知，在一世紀初宣講上帝的最後審判即將來臨，爲悔改者施洗禮。據《新約聖經》的福音書記載，他爲拿撒勒人耶穌施洗，耶穌受洗後立即開始傳教活動。

*⁴ 聖巴拿巴（Saint Barnabas，一世紀）：基督教使徒時代教父。在耶穌被釘十字架以後不久加入耶路撒冷教會，偕同保羅一同進行傳教活動。

*⁵ 聖巴多羅買（Saint Bartholomew）：耶穌十二門徒之一。據說他被巴比倫國王下令剝皮砍頭而死。

*⁶ 聖多米尼克（Saint Dominic，1170？～1221）：西班牙天主教托缽修會多米

尼克會創始人。

*7 聖貝爾納（Saint Benard de Clairvaux，1090～1153）：天主教西多會修士、
神秘主義者。在政治、文學、宗教等方面對西方文化有重大影響。

*8 聖史蒂芬（Saint Stephen，？～36？）：耶路撒冷基督教會執事，基督教第
一個殉教士。因在猶太教公會上的答辯激怒聽眾，被帶出城外用石頭打
死。

*9 傳福音的聖約翰（Saint John the Evangelist）：使徒聖約翰。相傳是《新約
聖經》中《約翰一、二、三書》、《約翰福音》及《啟示錄》的作者。

*10 聖馬丁（Saint Martin of Tours，316？～397）：高盧人、高盧隱修制度的創
始人，也是西方教會隱修制度的倡導人、法國的主保聖人。

*11 聖大巴西勒（Saint Basil the Great，329？～379）：古代基督教希臘教父。

*12 法蘭德斯（Flanders）：中世紀時歐洲西南一低地國家。

No.057

*1 赫發斯特斯（Hephaestus）：火山之神，後來輾轉變成冶煉之神、金屬鑄造
之神，其實也就是羅馬神話中的伏爾坎。

*2 《西卜林神諭集》（Sibylline Oracles）：初由猶太教徒所撰寫，後經基督
教人士增訂改編的神諭式詩句集。

No.064

*1 韋爾多派（Waldenses）：相傳由法國里昂富商韋爾多捐獻財產濟貧傳教而
創立。主張恢復早期基督教會的習俗，否定許多教會禮儀和正統教義。

*2 阿里烏主義（Arianism）：古代基督教神學學說。反對三位一體教義，主
張聖子耶穌是人，不是神。反對教會占有財富，遭到正統教會的仇視。

*3 轟斯脫利派（Nestorians）：信奉君士坦丁堡主教轟斯脫利所倡導的教義，
故名。主張基督二性二位說，曾於唐代傳入中國，稱景教。

No.065

*1 薩滿（Shaman）：具備與靈存在交流、交感之能力，此字源自西伯利亞通
古斯族的咒術師「Saman」。

*2 黛安娜（Diana）：羅馬的月亮女神。相當於希臘神話中的阿蒂蜜斯。原本
是樹木女神，同時也是多產女神。

No.074

*1 阿蒂蜜斯（Artemis）：希臘神話奧林帕斯十二大神之一，月亮與狩獵女
神。她是宙斯和樂朵的女兒，和阿波羅是雙胞胎兄妹。

*2 布羅肯山（Brocken）：哈茨山脈最高點。在德國韋爾尼格羅德西南13公里
處，海拔1142公尺。

*3 輪旋曲（Rondo）：由一個特定的旋律（或樂段）起頭並做週期性的反
覆。

No.075

*1 伊利法斯・利未（Eliphas Levi）：十九世紀的魔法師。大膽運用既有的神

235

秘學和在聖尼古拉神學校接觸到的催眠術，並且統合兩者、重新詮釋。

*2 希羅多德（Herodotus）：希臘作家。其撰寫記載波希戰爭的《歷史》為古代第一部偉大的敘述性歷史著作。

No.081

*1 烏頭（Aconite）：毛茛科烏頭屬有毒的多年生草本植物，常見於部分遮蔭、土壤肥沃處。能用於懲罰罪犯，或以小劑量來退熱、治療神經痛等。

*2 顛茄（Belladonna）：茄科的高大灌木狀草本植物，也指用其乾葉或根製成的藥材。顛茄具有極高毒性，常用於製造鎮靜劑、興奮劑和治癒攣藥。

No.082

*1 布拉班特公國（Duchy of Brabant）：九世紀中期法蘭克人的加洛林帝國衰亡和解體後出現的封建公國。以盧萬和布魯塞爾為中心。

*2 帕德博恩（Paderborn）：位於德國北萊茵—西伐利亞州，為神聖羅馬帝國的誕生地，西元799年查理曼在此會見教宗（教皇）利奧三世。

*3 霍倫（Hoorn）：北荷蘭省城市，曾是荷蘭主要港口之一，現為蔬菜和乳品貿易中心，有捕魚、印刷和塑料船製造業。

No.089

*1 希巴（Sheba）：首都馬里卜。聖經一說希巴在以色列以東，一說在以色列以南，其正確位置不得而知，不過從其它證據推敲，希巴應該是閃族語系民族在現在葉門附近的國家。

*2 三十六區惡魔：原文中有許多未記載的，而且與譯者查到的英語資料出入也不少，茲將Rosemary Guiley所著《The Encyclopedia of Demons and Demonology》所列36區惡魔整理如下表。

1	Ruax	10	Methathiax	19	Mardeo	28	Rhyx Hapax
2	Barsafel	11	Katanikotael	20	Rhyx Nathotho	29	Rhyx Anoster
3	Artosael	12	Saphthorael	21	Rhyx Alath	30	Rhyx Physikoreth
4	Oropel	13	Phobothel	22	Rhyx Audameoth	31	Rhyx Aleureth
5	Kairoxanondalon	14	Leroel	23	Rhyx Manthado	32	Rhyx Ichthuron
6	Sphendonael	15	Soubelti	24	Rhyx Atonkme	33	Rhyx Achoneoth
7	Sphandor	16	Katrax	25	Rhyx Anatreth	34	Rhyx Autoth
8	Belbel	17	Ieropa	26	Rhyx, the Enautha	35	Rhyx Phtheneoth
9	Kourtael	18	Modebel	27	Rhyx Axesbuth	36	Rhyx Mianeth

附錄

* 獅身鳥首獸（Griffin）：神話中的複合怪物，有獅身（有時有翼）和鳥頭。是古代近東和地中海國家喜愛的裝飾物。

中英日名詞對照索引

六～十畫

240

十一～十五畫

246

參考文獻

Grimoires-A History of Magic Books OWEN DAVIES著 OXDORD UNIVERSITY PRESS

THE BOOK OF BLACK MAGIC ARTHUR EDWARD WAITE著 WEISER BOOKS

THE BOOK OF THE SACRED MAGIC OF ABRAMELIN THE MAGE S.L.MACGREGOR MATHERS英譯 DOWER PUBLICATIONS, INC.

THE DEAD SEA SCRIPTURES THEODR H.GASTER英譯・解說 ANCHOR BOOKS

THE GOETIA-THE LESSER KEY OF SOLOMON THE KING S.L.MACGREGOR MATHERS英譯 / ALEISTER CROWLEY編輯・解說 WEISER BOOKS

THE GRIMOIRE of ARMADEL S.L.MACGREGOR MATHERS英譯 WEISER BOOKS

The Key of Solomon the King(Calvicula Salomonis) S.L.MACGREGOR MATHERS英譯 WEISER BOOKS

THE SIXTH AND SEVENTH BOOKS OF MOSES JOSEPH H.PETERSON英譯 IBIS PRESS

悪魔　ルーサー・リンク著 / 高山宏訳 研究社

古代悪魔学 サタンと闘争神話　ニール・フォーサイス著 / 野呂有子 監訳 / 倉恒澄子ほか訳 法政大学出仮局

悪魔 古代から原始キリスト教まで　J.B.ラッセル著 / 野村美紀子 訳 教文館

サタン 初期キリスト教の伝統　J.B.ラッセル著 / 野村美紀子 訳 教文館

ルシファー 中世の悪魔　J.B.ラッセル著 / 野村美紀子 訳 教文館

メフィストフェレス近代世界の悪魔　J.B.ラッセル著 / 野村美紀子 訳 教文館

悪魔の系譜　J.B.ラッセル著 / 大瀧啓裕 訳 青土社

悪魔の起源　エレーヌ・ペイゲルス著 / 松田和也 訳 青土社

悪魔の事典　フレッド・ゲティングズ著 / 大瀧啓裕 訳 青土社

悪魔の系譜 映画・彫刻で知る堕天使の物語　ローラ・ウォード、ウィル・スティーズ著 / 小林純子 訳 新紀元社

悪魔の美術と物語　利倉隆 著 美術出版社

悪魔の文化史　ジョルジュ・ミノワ著 / 平野隆文 訳 白水社

悪魔の歴史　ポール・ケーラス著 / 船木裕 訳 青土社

悪魔の歴史12〜20世紀 西洋文明に見る闇の力学　ロベール・ミュッシャンブレ著 / 平野隆文 訳 大修館書店

「堕天使」がわかる　森瀬繚、坂東真紅郎、海法紀光 著 ソフトバンククリエイティブ

アンチキリスト 悪に魅せられた人類の二千年史　バーナード・マッギン著 / 松田直成 訳 河出書房新社

異端カタリ派　フェルナン・ニール著 / 渡邊昭美 訳 白水社

異端カタリ派と転生　原田武 著 人文書院

異端カタリ派の哲学　ルネ・ネッリ著 / 柴田和雄 訳 法政大学出版局

狼憑きと魔女　ジャン・ド・ニノー著 / 池上俊一監修、富樫瓔子 訳 工作舎

河出世界文学全集 第2 ゲーテ　高橋健二、手塚富雄 訳 河出書房新社

高等魔術の教理と祭儀(教理篇・祭儀篇)　エリファス・レヴィ著 / 生田耕作 訳 人文書院

コーラン(上・中・下) 井筒俊彦 訳 岩波書店

死海文書のすべて ジェームス・C・ヴァンダーカム著 / 秦剛平 訳 青土社

地獄の辞典 コラン・ド・プランシー著 / 床鍋剛彦 訳、吉田八岑 協力 講談社

失楽園(上・下)　ミルトン作 / 平井正穂 訳 岩波書店

澁澤龍顔全集16 澁澤龍彦 著 河出書房新社

澁澤龍顔全集2 澁澤龍彦 著 河出書房新社

ジョン. ディー エレザベス朝の魔術師 ピーター・J・フレンチ著 / 高橋誠 訳 平凡社

神学大全第4冊 トマス・アクィナス著 / 高田三郎、日下昭夫 訳 創文社

聖書新共同訳 旧約聖書続篇つき 日本聖書協会

248

神曲 タンテ著 / 平川祐弘 訳 河出書房新社

図解雑学世界の天使と悪魔 藤巻一保 監修 ナツメ社

聖書外典偽典第4巻 旧約偽典II 村岡崇光 訳 教文館

聖書外典偽典別巻 補遺I 土岐健治ほか 訳 教文館

世界教養全集第20 魔法－その歴史と正体 K・セリグマン著 / 平田寛 訳 平凡社

堕天使 真野隆也 著 新紀元社

天国と地獄の百科 ジョルダーノ・ベルティ著 / 竹山博英、桂本元彦 訳 原書房

天使の世界 マルコム・ゴドウイン著 / 大瀧啓裕 訳 青土社

ドイツ民衆本の世界III ファウスト博士 松浦純訳 国書刊行会

ナグ.ハマディ文書（I～IV） 芒井献ほか訳 岩波書店

パリの悪魔 ピエール・ガスカール著 / 佐藤和生 訳 法政大学出版局

ペルシア神話 ジョン・R・ヒネルズ著 / 井本英一、奥西峻介 訳 青土社

魔術の歴史 J・B・ラッセル著 / 野村美紀子訳 筑摩書房

魔術の歴史 リチャード・キャベンディッシュ著 / 栂正行 訳 河出書房新社

魔術の歴史 エリファス・レヴィ著 / 鈴木啓司 訳 人文書院

魔女狩りと悪魔学 上山安敏、牟田和男 編著 人文書院

魔女現象 ヒルデ・シュメルツァー著 / 進藤美智 訳 白水社

魔女とキリスト教ヨーロッパ学再考 上山安敏 著 人文書院

魔女と魔術の事典 ローズマリー・エレン・グィリー著 / 荒木正純、松田英 監訳 原書房

魔女の神 マーガレット・A・マレー著 / 西村稔 訳 人文書院

魔女の誕生と衰退 田中雅志 編訳・解説 三交社

魔女の法廷 平野隆文 著 岩波書店

マニ教 ミシェル・タルデュー著 / 大貫隆、中野千恵美 訳 白水社

ルーダンの憑依 ミシェル・ド・セルトー著 / 矢橋透訳 みすず書房

ルーダンの悪魔 オルダス・ハクスリー著 / 中山容、丸山美知代 訳 人文書院

ルネサンスの魔術思想 D・P・ウォーカー著 / 田口清一 訳 平凡社

悪魔学大全 酒井潔 著 桃源社

悪魔学大全 ロッセル・ホープ・ロビンズ著 / 松田和也 訳 青土社

悪魔学入門 J・チャールズ・ウォール著 / 松本晴子 訳 北宋社

闇の歴史 サバトの解読 カルロ・ギンズブルグ著 / 竹山博英 訳 せりか書房

譯者參考書目

《The Encyclopedia of Demons and Demonology》Rosemary Guiley / 2009 / Checkmark Books

《Occultism: Its Theory and Practice》Sirdar Ikbal Ali Shah / 2003 / Kessinger Publishing, LLC

《堕天使事典》真野隆也著 / 沙子芳譯 / 尖端出版社 / 2004年

《神曲》但丁著 / 黃國彬譯註 / 九歌出版社 / 2003年

《宗教辭典》（上下）任繼愈主編 / 博遠出版社 / 1989年

《失樂園》密爾頓著 / 桂冠圖書 / 1994年

《神話學辭典》葛哈德・貝林格著 / 林宏濤譯 / 商周出版 / 2006年

《召喚師》高平鳴海監修 / 王書銘譯 / 奇幻基地 / 2005年

《惡魔事典》山北篤・佐藤俊之監修 / 高胤喨・劉子嘉・林哲逸合譯 / 奇幻基地 / 2003

《魔導具事典》山北篤監修 / 黃牧仁・林哲逸・魏煜奇合譯 / 奇幻基地 / 2005年

《圖解鍊金術》草野巧著 / 王書銘譯 / 奇幻基地 / 2007年

《西洋神名事典》山北篤監修 / 鄭銘得譯 / 奇幻基地 / 2004年

《東洋神名事典》山北篤監修 / 高詹燦譯 / 奇幻基地 / 2005年

《埃及神名事典》池上正太著 / 王書銘譯 / 奇幻基地 / 2008年

《魔法・幻想百科》山北篤監修 / 王書銘・高胤喨譯 / 奇幻基地 / 2006年

《幻想地名事典》山北篤監修 / 王書銘譯 / 奇幻基地 / 2011年

奇幻基地書籍目錄

http://www.ffoundation.com.tw/

BEST 嚴選

書　號	書　　　　　名	作　　　者	定價
1HB004X	諸神之城：伊嵐翠	布蘭登‧山德森	520
1HB009	最後理論	馬克‧艾伯特	320
1HB013	刺客正傳1：刺客學徒（經典紀念版）	羅蘋‧荷布	299
1HB014	刺客正傳2：皇家刺客（上）（經典紀念版）	羅蘋‧荷布	320
1HB015	刺客正傳2：皇家刺客（下）（經典紀念版）	羅蘋‧荷布	320
1HB016	刺客正傳3：刺客任務（上）（經典紀念版）	羅蘋‧荷布	360
1HB017	刺客正傳3：刺客任務（下）（經典紀念版）	羅蘋‧荷布	360
1HB018	2012：失落的預言	麥利歐‧瑞汀	320
1HB019	迷霧之子首部曲：最後帝國	布蘭登‧山德森	380
1HB020	迷霧之子二部曲：昇華之井	布蘭登‧山德森	399
1HB021	迷霧之子終部曲：永世英雄	布蘭登‧山德森	399
1HB025	方舟浩劫	伯伊德‧莫理森	320
1HB027	血色塔羅	尼克‧史東	380
1HB028	最後理論2：科學之子	馬克‧艾伯特	320
1HB029	星期一，我不殺人	尚—巴提斯特‧德斯特摩	320
1HB030	懸案密碼：籠裡的女人	猶希‧阿德勒‧歐爾森	320
1HB031	迷霧之子番外篇：執法鎔金	布蘭登‧山德森	320
1HB032	2012：降世的預言	麥利歐‧瑞汀	320
1HB033	彌達斯寶藏	伯伊德‧莫理森	320
1HB034	颶光典籍首部曲：王者之路（上）	布蘭登‧山德森	499
1HB035	颶光典籍首部曲：王者之路（下）	布蘭登‧山德森	499
1HB036	懸案密碼2：雉雞殺手	猶希‧阿德勒‧歐爾森	320
1HB037	末日之旅‧上冊	加斯汀‧柯羅寧	399
1HB038	末日之旅‧下冊	加斯汀‧柯羅寧	399
1HB039	懸案密碼3：瓶中信	猶希‧阿德勒‧歐爾森	380
1HB040	刀光錢影：戰龍之途	丹尼爾‧艾伯罕	380
1HB041	懸案密碼4：第64號病歷	猶希‧阿德勒‧歐爾森	380
1HB042	皇帝魂：布蘭登‧山德森精選集	布蘭登‧山德森	320
1HB043	第一法則首部曲：劍刃自身	喬‧艾伯康比	380
1HB044	第一法則二部曲：絞刑之前	喬‧艾伯康比	380
1HB045	第一法則終部曲：最後手段	喬‧艾伯康比	450

幻想藏書閣

書　號	書　　　名	作　　　者	定價
1HI001C	靈魂之戰 1：落日之巨龍	瑪格麗特・魏絲等	480
1HI002C	靈魂之戰 2：隕星之巨龍	瑪格麗特・魏絲等	480
1HI003X	靈魂之戰 3：逝月之巨龍（新版）	瑪格麗特・魏絲等	480
1HI004	黑暗精靈 1：故土	R・A・薩爾瓦多	380
1HI005	黑暗精靈 2：流亡	R・A・薩爾瓦多	380
1HI006	黑暗精靈 3：旅居	R・A・薩爾瓦多	380
1HI007	南方吸血鬼 1：夜訪良辰鎮	莎蓮・哈里斯	280
1HI010	南方吸血鬼 2：達拉斯夜末眠	莎蓮・哈里斯	280
1HI012	南方吸血鬼 3：亡者俱樂部	莎蓮・哈里斯	280
1HI029	南方吸血鬼 4：意外的訪客	莎蓮・哈里斯	280
1HI031	尼伯龍根之戒	沃夫崗・霍爾班等	360
1HI032	南方吸血鬼 5：與狼人共舞	莎蓮・哈里斯	280
1HI033	南方吸血鬼 6：惡夜追琪令	莎蓮・哈里斯	280
1HI034	南方吸血鬼 7：找死高峰會	莎蓮・哈里斯	280
1HI035	南方吸血鬼 8：攻琪不備	莎蓮・哈里斯	280
1HI036	黑暗之途 1：無聲之刃	R・A・薩爾瓦多	380
1HI037	南方吸血鬼 9：全面琪動	莎蓮・哈里斯	280
1HI038	邪馬台國戰記 II：炎天的邪馬台國(完結篇)	桝田省治	399
1HI039	南方吸血鬼 10：噬血王子的背叛	莎蓮・哈里斯	280
1HI040	黑暗之途 2：世界之脊	R・A・薩爾瓦多	380
1HI041	黑暗之途 3：劍刃之海	R・A・薩爾瓦多	380
1HI042	南方吸血鬼番外篇：我的德古拉之夜	莎蓮・哈里斯	299
1HI043	獵人之刃 1：千獸人	R・A・薩爾瓦多	399
1HI044	南方吸血鬼 11：精靈的聖物	莎蓮・哈里斯	280
1HI045	獵人之刃 2：獨行者	R・A・薩爾瓦多	399
1HI046	獵人之刃 3：雙劍	R・A・薩爾瓦多	399
1HI047	地底王國 1：光明戰士	蘇珊・柯林斯	250
1HI048	地底王國 2：災難預言	蘇珊・柯林斯	250
1HI049	地底王國 3：熱血之禍	蘇珊・柯林斯	250
1HI050	地底王國 4：神祕印記	蘇珊・柯林斯	250
1HI051C	龍槍編年史 I：秋暮之巨龍	崔西・西克曼&瑪格麗特・魏絲	480
1HI052C	龍槍編年史 II：冬夜之巨龍	崔西・西克曼&瑪格麗特・魏絲	480
1HI053C	龍槍編年史 III：春曉之巨龍	崔西・西克曼&瑪格麗特・魏絲	480
1HI054C	龍槍傳奇 I：時空之卷	崔西・西克曼&瑪格麗特・魏絲	480
1HI055C	龍槍傳奇 II：烽火之卷	崔西・西克曼&瑪格麗特・魏絲	480
1HI056C	龍槍傳奇 III:試煉之卷	崔西・西克曼&瑪格麗特・魏絲	480
1HI057	靈視者哈珀康納莉 I：觸墓驚心	莎蓮・哈里斯	280
1HI058	靈視者哈珀康納莉 II：移花接墓	莎蓮・哈里斯	280
1HI059	靈視者哈珀康納莉 III：草墓皆冰	莎蓮・哈里斯	280
1HI060	靈視者哈珀康納莉 IV：不堪入墓	莎蓮・哈里斯	280
1HI061	地底王國 5：最終戰役	蘇珊・柯林斯	250

F-Maps

書　號	書　　　名	作　　　者	定價
1HP001	圖解鍊金術	草野巧	300
1HP002	圖解近身武器	大波篤司	280
1HP004	圖解魔法知識	羽仁礼	300
1HP005	圖解克蘇魯神話	森瀬繚	320
1HP007	圖解陰陽師	高平鳴海	320
1HP008	圖解北歐神話	池上良太	330
1HP009	圖解天國與地獄	草野巧	330
1HP010	圖解火神與火精靈	山北篤	330
1HP011	圖解魔導書	草野巧	330
1HP012	圖解惡魔學	草野巧	330

聖典

書　號	書　　　名	作　　　者	定價
1HR009X	武器屋（全新封面）	Truth in Fantasy 編輯部	420
1HR014X	武器事典（全新封面）	市川定春	420
1HR026C	惡魔事典（精裝典藏版）	山北篤等	480
1HR028C	怪物大全（精裝）	健部伸明	特價 999
1HR031	幻獸事典（精裝）	草野巧	特價 499
1HR032	圖解稱霸世界的戰術——歷史上的 17 個天才戰術分析	中里融司	320
1HR033C	地獄事典（精裝）	草野巧	420
1HR034C	幻想地名事典（精裝）	山北篤	750
1HR035C	城堡事典（精裝）	池上正太	399
1HR036C	三國志戰役事典（精裝）	藤井勝彥	420

城邦文化奇幻基地出版社

Fantasy Foundation Publications
http://www.ffoundation.com.tw

TEL：02-25007008 FAX：02-25027676

國家圖書館出版品預行編目資料

圖解惡魔學／草野 巧著；王書銘譯. -- 初版. -- 臺北
市：奇幻基地出版：家庭傳媒城邦分公司發行；
2013.08（民102.08）
面；　　公分. --（F-Maps：012）
譯自：図解　惡魔學
ISBN 978-986-5880-46-0（平裝）
1. 神學

242.5　　　　　　　　　　　　　　102011851

城邦讀書花園
www.cite.com.tw

F-Maps 012

圖解惡魔學

原 著 書 名／図解　惡魔学			
作　　　　者／草野 巧		企劃選書人／楊秀眞
譯　　　　者／王書銘		責 任 編 輯／李幼婷

版權行政暨數位業務專員／陳玉鈴
資深版權專員／許儀盈
行 銷 企 劃／陳姿億
行銷業務經理／李振東
總　編　輯／王雪莉
發　行　人／何飛鵬
法 律 顧 問／元禾法律事務所 王子文律師
出　　　版／奇幻基地出版
　　　　　　城邦文化事業股份有限公司
　　　　　　台北市104民生東路2段141號8樓
　　　　　　電話：（02）25007008　　傳眞：（02）25027676
　　　　　　e-mail：ffoundation@cite.com.tw
發　　　行／英屬蓋曼群島商家庭傳媒股份有限公司城邦分公司
　　　　　　聯絡地址：台北市104民生東路2段141號2樓
　　　　　　書虫客服服務專線：02-25007718；25007719
　　　　　　24小時傳眞專線：02-25001990；25001991
　　　　　　服務時間：週一至週五上午09:30-12:00；下午13:30-17:00
　　　　　　劃撥帳號：19863813；戶名：書虫股份有限公司
　　　　　　讀者服務信箱：service@readingclub.com.tw
　　　　　　歡迎光臨城邦讀書花園 網址：www.cite.com.tw
香港發行所／城邦（香港）出版集團有限公司
　　　　　　香港灣仔駱克道 193 號東超商業中心 1 樓
　　　　　　電話：（852）2508-6231　　傳眞：（852）2578-9337
　　　　　　e-mail：hkcite@biznetvigator.com
馬新發行所／城邦（馬新）出版集團 Cite (M) Sdn Bhd
　　　　　　41, Jalan Radin Anum, Bandar Baru Sri Petaling, 57000 Kuala Lumpur, Malaysia.
　　　　　　電話：603-90578822　　傳眞：603-90576622
　　　　　　email：cite@cite.com.my

封 面 設 計／黃聖文
排　　　版／浩瀚電腦排版股份有限公司
印　　　刷／高典印刷有限公司

■2013年（民102）8月1日初版　　　　　　　　　Printed in Taiwan.
■2022年（民111）6月10日初版6.5刷

售價／330元

ZUKAI AKUMA-GAKU by KUSANO Takumi
Illustrations by FUKUCHI Takako
Copyright © 2010 KUSANO Takumi
All rights reserved.
Originally published in Japan by Shinkigensha Co Ltd, Tokyo.
Chinese (in complex character only) translation rights arranged with
Shinkigensha Co Ltd, Japan through THE SAKAI AGENCY.
Complex Chinese translation copyright © 2013 Fantasy Foundation Publications, a division of
Cité Publishing Ltd.

104台北市民生東路二段141號11樓

英屬蓋曼群島商家庭傳媒股份有限公司城邦分公司 收

- -

請沿虛線對摺，謝謝

每個人都有一本奇幻文學的啟蒙書

奇幻基地官網：http://www.ffoundation.com.tw
奇幻基地粉絲團：http://www.facebook.com/ffoundation

書號：1HP012　　　書名：圖解惡魔學

奇幻基地創社11年

奇幻戰隊**好讀有禮**集點贈獎活動

活動期間，購買奇幻基地作品，剪下封底折口的點數券，集到一定數量，寄回本公司，即可依點數多寡兌換獎品。

點數兌換獎品說明：

5點 奇幻戰隊好書袋一個

10點 2012年布蘭登·山德森來台紀念T恤一件
有S&M兩種尺寸，偏大，由奇幻基地自行判斷出貨

15點 【蕭青陽獨家設計】典藏限量精繡帆布書袋
紅線或銀灰線繡於書袋上，顏色隨機出貨

兌換辦法：

2013年2月～2014年1月奇幻基地出版之作品中，剪下回函卡頁上之點數，集滿規定之點數，貼在右邊集點處，即可寄回兌換贈品。

【活動日期】：即日起至2014年1月31日

【兌換日期】：即日起至2014年3月31日（郵戳為憑）

其他說明：

＊請以正楷寫明收件人真實姓名、地址、電話與email，以便聯繫。若因字跡潦草，導致無法聯繫，視同棄權

＊兌換之贈品數量有限，若贈送完畢，將不另行通知，直接以其他等值商品代之

＊本活動限臺澎金馬地區讀者

【集點處】
（點數與回函卡皆影印無效）

1	6	11
2	7	12
3	8	13
4	9	14
5	10	15

個人資料：

姓名：＿＿＿＿＿＿＿＿＿＿＿＿＿＿＿＿＿　　　性別：□男 □女

地址：＿＿＿＿＿＿＿＿＿＿＿＿＿＿＿＿＿＿＿＿＿＿＿＿＿＿＿＿＿

電話：＿＿＿＿＿＿＿＿＿＿＿　email：＿＿＿＿＿＿＿＿＿＿＿＿＿＿

想對奇幻基地說的話：＿＿＿＿＿＿＿＿＿＿＿＿＿＿＿＿＿＿＿＿＿＿

請剪下右側點數，貼於背面的集點處，集滿5點以上，即可寄回兌換抽獎